내 손으로 만드는 나만의 놀이책

뚠뚠토이의 몰랑몰랑 스퀴시북

서경남 지음

다락원

지은이 서경남
그린이 서경남
펴낸이 정규도
펴낸곳 (주)다락원

초판 1쇄 발행 2023년 11월 22일
　4쇄 발행 2025년 6월 24일

편집 조선영
디자인 싱아

다락원 경기도 파주시 문발로 211
내용문의 (02) 736-2031 내선 276
구입문의 (02) 736-2031 내선 250~252
Fax (02) 732-2037

출판등록 1977년 9월 16일 제406-2008-000007호

Copyright © 2023, 서경남

저자 및 출판사의 허락 없이 이 책의 일부 또는 전부를 무단 복제·전재·발췌할 수 없습니다. 구입 후 철회는 회사 내규에 부합하는 경우에 가능하므로 구입문의처에 문의하시기 바랍니다. 분실·파손 등에 따른 소비자 피해에 대해서는 공정거래위원회에서 고시한 소비자 분쟁 해결 기준에 따라 보상 가능합니다. 잘못된 책은 바꿔 드립니다.

ISBN 978-89-277-4794-9 (13630)

---

http://www.darakwon.co.kr
다락원 홈페이지를 통해 인터넷 주문을 하시면 자세한 정보와 함께 다양한 혜택을 받으실 수 있습니다.

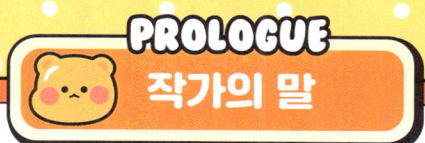

PROLOGUE 작가의 말

안녕하세요. 종이놀이 콘텐츠 크리에이터 뚠뚠토이입니다.
저는 그래픽 디자이너로 활동하고 있었어요. 그러던 어느 날, 딸이 종이로 만들기 놀이를 하는 모습을 보게 되었죠. 엄마로서 아이에게 더 다양하고 재미있는 만들기 도안을 직접 제작해 선물로 주고 싶었어요. 그래서 열심히 도안을 만들어 주었는데, 다행히도 아이가 무척 좋아했어요. 그 모습을 보니 다른 아이들에게도 즐거운 놀이를 공유하면 좋겠다는 생각이 들었죠. 그렇게 〈뚠뚠토이〉 채널을 시작하게 되었어요.

사실 단순한 장난감 도안을 만들 수도 있었지만, 만들기에서 끝나지 않고 재미난 이야기도 덧붙였으면 하는 마음에 스토리를 갖춘 책 형태의 도안을 만들었어요. 부모님, 형제자매, 친구들과 이런저런 역할놀이를 할 수 있도록요.
그리고 역할놀이를 통해 서로 이해하고 공감하며 이야기를 나눌 수 있게 다양한 성격의 매력 만점 뚠뚠토이 캐릭터들을 탄생시켰어요.

이런 제 마음이 전달됐는지, 많은 분의 응원과 사랑을 받을 수 있었어요. 그 덕분에 이렇게 《뚠뚠토이의 몰랑몰랑 스퀴시북》까지 출간하게 되었답니다. 이 자리를 빌려 정말 감사하다는 말씀 전하고 싶어요.

《뚠뚠토이의 몰랑몰랑 스퀴시북》은 역할놀이와 촉감놀이가 가능한 스퀴시북 도안 10종을 모아놓은 도안집이에요. 책 속의 도안을 코팅하고, 오리고, 솜을 넣고, 붙이면 나만의 스퀴시북이 완성된답니다. 책에 자세한 설명과 사진뿐만 아니라 만들기 영상까지 있어서 누구나 쉽고 재미있게 만들 수 있을 거예요. 참! 오직 책에서만 만날 수 있는 미공개 도안도 있으니, 여러분만의 엉뚱하고 기발한 역할놀이로 재미나게 즐겨 주세요!

자, 지금부터 귀염둥이 뚠뚠 친구들과 함께 재미있는 만들기를 시작해 볼까요?

크리에이터_ 뚠뚠토이 서경남

모든 도안은 책에 맞춰 재작업했기 때문에
만들기 사진, 영상 속 도안과 일부 다를 수 있습니다.

차례

프롤로그 작가의 말 ⭐ 3

뚠뚠토이와 만들기 준비하기
- 01 재료 준비하기 ⭐ 6
- 02 만들기 기호 살펴보기 ⭐ 9
- 03 뚠뚠토이 친구들 만나기 ⭐ 10

PART 1 뚠뚠토이 스퀴시북 만들기 ⭐ 12

01 달콤한 꿀단지 안으로 쏘~옥!
꿀벌 스퀴시북 ⭐ 14

02 달님, 제 소원을 들어주세요!
달토끼 스퀴시북 ⭐ 20

03 으쌰으쌰~ 우승은 나의 것!
당근 운동회 스퀴시북 ⭐ 26

04 달콤한 딸기 우유 집으로 놀러 오세요~
딸기 우유 집 스퀴시북 ⭐ 32

05

달달한 초콜릿 카페로 놀러 오세요~
초코 우유 카페 스퀴시북 ⭐ 38

06

더울 땐 아이스크림이 최고지!
아이스크림 가게 스퀴시북 ⭐ 44

07

룰루랄라~ 영화관 데이트를 즐겨요!
토끼 영화관 스퀴시북 ⭐ 50

08

여기가 바로 붕어빵 맛집!
**인어공주 붕어빵 가게
스퀴시북** ⭐ 56

09

맛있는 음식을 찾으러 가자!
**헨젤과 그레텔의 과자집
스퀴시북** ⭐ 64

10

시골쥐, 서울에 올라오다!
**시골쥐 서울쥐 햄버거 가게
스퀴시북** ⭐ 72

PART 2 뚠뚠토이 스퀴시북 도안 ⭐ 78

재료 준비하기

스퀴시북을 만들기 전에 필요한 재료들을 살펴보아요. 어떤 재료가 필요하고, 또 그 재료들을 언제 사용해야 하는지 미리 확인하면 만들기가 좀 더 쉬워질 거예요.

도안 코팅하기

손코팅지

코팅 기계가 없어도 손코팅지만 있으면 손쉽게 코팅할 수 있어요. 코팅지 뒷면의 비닐을 떼어 낸 다음, 접착 면을 도안 위에 겹쳐 붙이면 돼요.

+Tip 비닐을 떼고 붙일 때, 정전기로 인해 코팅지가 종이에 척 달라붙어요. 그러면 원래 붙이려던 곳과 다른 곳에 붙을 수도 있답니다. 비닐을 조금만 벗기고 도안 위에 위치를 맞춘 다음, 나머지 비닐을 떼어 주면 실수하지 않고 붙일 수 있어요.

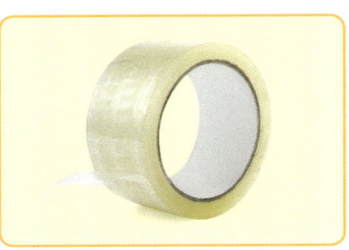

투명 박스테이프

일상생활에서 흔하게 쓰는 투명 박스테이프로도 코팅할 수 있어요. 특히 접어야 하는 도안이나 작은 소품 도안들은 투명 박스테이프로 코팅하면 좋아요. 코팅지보다 얇아서 놀이할 때 소품을 붙였다, 떼었다 하기 편해요.

도안 오리기

가위

대부분의 도안을 오릴 때 사용하는 도구예요. 내 손에 딱 맞고 잡기 편한 가위를 준비하면 도안 오리기가 편할 거예요.

칼, 커팅 매트

칼은 주로 도안에 칼집을 내거나 구멍을 뚫어야 할 때 사용해요. 이때 책상에 커팅 매트를 깔면 도안이 움직이지 않고 책상에 흠집이 남지 않아요.

+Tip 칼은 위험하니까 꼭 주의해서 사용하거나 어른의 도움을 받아요.

🍊 도안 붙이기

풀
주로 코팅하지 않은 종이끼리 붙일 때 사용해요.

+Tip 물풀을 사용하면 종이가 울퉁불퉁해져서 딱풀을 추천해요.

투명테이프
우리가 일상생활에서 흔하게 쓰는 투명테이프예요. 책 도안끼리 연결하거나 책 도안에 소품 도안을 겹쳐 붙일 때, 또는 소품을 만들 때 사용해요.

+Tip 투명테이프 전용 디스펜서를 이용하면 투명테이프를 원하는 길이만큼 쉽게 자를 수 있어서 편해요.

도안의 곡선 부분에 투명테이프 붙이는 방법

곡선 부분에서는 투명테이프가 깔끔하게 접히지 않아요. 이때 투명테이프에 가위집을 낸 후 하나씩 붙이면 곡선 모양에 딱 맞게 붙일 수 있어요.

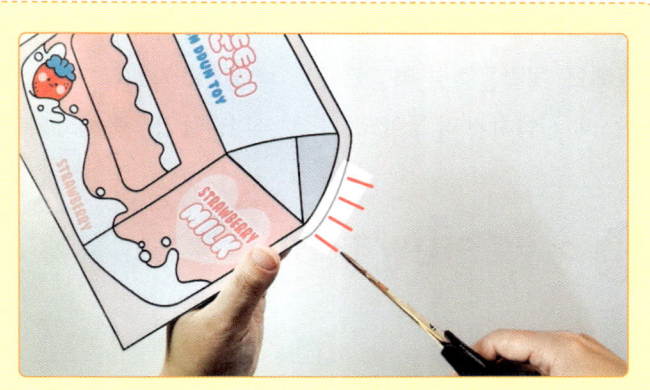

양면테이프
뒷면에 종이가 붙어 있는 일반 양면테이프예요. 접착력이 강해서 붙였다, 떼었다 하는 도안보다는 고정해야 하는 도안에 사용해요.

투명 양면테이프
일반 양면테이프보다 접착력이 강하지 않아요. 그래서 붙였다, 떼었다 해야 하는 소품 도안에 사용하기 좋아요.

 도안 속 채우기

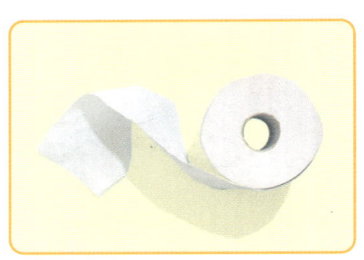

솜
스퀴시를 만들 때 가장 흔히 쓰는 재료예요. 몰랑몰랑한 촉감으로 스퀴시에 사용하기 딱 좋아요.

비닐 (코팅지 비닐)
바스락거리는 소리와 촉감이 매력적인 재료예요. 코팅지 뒷면의 비닐을 재활용해도 돼요.

휴지
가장 구하기 쉬운 재료예요. 솜이랑 비닐보다는 몰랑몰랑한 촉감이 덜해요.

 이것도 있으면 좋아요!

벨크로 (찍찍이)
도안을 꼭 닫아서 보관할 수 있도록 해 줘요. 한 쌍의 벨크로를 준비하고 하나는 책 도안에, 또 다른 하나는 띠지에 붙이면 돼요.

+Tip 벨크로가 없다면 투명 양면테이프를 이용해도 좋아요.

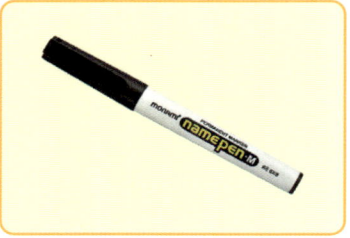

네임펜
코팅한 도안 위에 내용을 적을 때 사용해요.

만들기 기호 살펴보기

스퀴시북을 만들 때 사용하는 기호를 알려줄게요. 한번 잘 살펴보고 만들기를 시작해 보아요.

도안 코팅 기호

코팅지 / 앞면	손코팅지로 도안의 앞면만 코팅해요.
코팅지 / 양면	손코팅지로 도안의 앞면을 코팅한 다음, 뒷면도 똑같이 코팅해요.
박스테이프 / 앞면	투명 박스테이프로 도안의 앞면만 코팅해요.
박스테이프 / 뒷면	투명 박스테이프로 도안의 뒷면만 코팅해요.
박스테이프 / 양면	투명 박스테이프로 도안의 앞면을 코팅한 다음, 뒷면도 똑같이 코팅해요.

★ 한 장의 도안을 각각 다른 방법으로 코팅해야 할 경우, 쉽게 구분할 수 있도록 분리해 두었어요. 도안 위에 기호를 보고 해당 방법으로 코팅해 주세요.

##

───	검은색 실선	테두리의 실선을 따라 가위나 칼로 도안을 오려요.
-----	규칙적인 점선	선이 보이게 밖으로 접어요.
1	숫자 상자	같은 숫자끼리 서로 마주 보도록 붙여요.
●	회색 동그라미	벨크로 또는 투명 양면테이프를 붙여요.
▬ (회색)	회색 네모 상자	투명 양면테이프를 붙여요. 주로 붙였다, 떼면서 노는 소품 도안에 있어요.
▬ (검정)	검은색 네모 상자	양면테이프를 붙여요. 주로 단단하게 고정시켜야 하는 도안에 있어요.
☁	솜	솜을 넣는 부분이에요. 솜 기호가 마주 보도록 도안을 겹치고, 테두리에 투명테이프를 붙인 다음 안쪽에 솜을 넣어요.
🎸	투명 그림	책 도안에 채색이 연하게 된 부분이 있어요. 이 투명 그림 자리에 같은 그림의 도안을 붙여 배경을 완성해요.

뚠뚠토이 친구들 만나기

《뚠뚠토이의 몰랑몰랑 스퀴시북》에는 다양한 캐릭터 친구들이 등장해요. 지금 바로 만나볼까요?

옹이 새침하고 까칠해 보이지만, 사실 여린 마음을 가지고 있는 사랑스러운 고양이예요. 현재 달봉이를 짝사랑하고 있어요.

달봉이 구수한 충청도 사투리를 쓰는 농부 곰돌이예요. 무심하고 무뚝뚝해 보이지만, 항상 묵묵히 옹이 곁을 지켜요.

탱이 모두에게 친절한 따뜻한 성격의 곰돌이예요. 배려심이 넘치죠.

꾸리 옹이가 동생처럼 아끼는 애교 만점 개구리예요. 이 세상에서 옹이랑 노는 걸 제일 좋아한답니다.

구미미 솔직하고 당당한 성격의 꼬마 여우예요. 때로 거침없는 행동으로 사람들을 웃게 만들어요.

포포 토실토실 귀여운 하얀 곰 인형이에요. 친구들이 가끔 얄밉게 굴어도 너그러운 마음으로 이해해 주는 아주 착한 친구예요.

제리 상큼한 노란색 레몬 젤리곰이에요. 시원시원한 성격으로 친구들 사이에서 인기가 많아요.

더 많은 친구들이 기다리고 있어! 뒤에서 직접 확인해 봐!

하니 달콤한 분홍색 딸기 젤리곰이에요. 가끔 친구에게 날카로운 말을 하지만, 누구보다 친구를 생각하는 마음을 지니고 있어요.

PART 1
뚠뚠토이 스퀴시북 만들기

01 달콤한 꿀단지 안으로 쏘~옥! 꿀벌 스퀴시북

만들기 영상

귀여운 엄마 꿀벌과 아기 꿀벌이 꽃 속에서 숨바꼭질하고, 꿀벌 키즈 카페에도 놀러 간대요!
우리 함께 구경하러 가 볼까요?

만들기 재료

도안지 · 손코팅지 · 투명테이프 · 투명 양면테이프 · 박스테이프 · 벨크로(찍찍이) · 양면테이프 · 딱풀 · 가위 · 솜

재미있게 만들어요!

01

도안에 나와 있는 기호를 참고하여 코팅해요.

 헷갈린다면 9쪽의 만들기 기호 설명을 다시 읽어 보세요.

02

코팅한 도안을 예쁘게 오려요.

03

뒷면에 **4+** 가 적힌 도안과 책 띠지를 준비해요. 띠지의 작은 점을 도안에 맞추고, 투명테이프로 도안과 띠지를 연결해요.

 띠지의 안쪽과 바깥쪽 모두 테이프로 붙여야 튼튼해요.

04

뒷면에 숫자가 적힌 도안을 모두 준비해요. 같은 숫자끼리 마주 보게 겹치고, 테두리를 투명테이프로 붙여요. 이때 솜을 넣을 구멍은 남겨야 해요.

 테이프에 가위집을 내면 곡선 부분도 깔끔하게 붙일 수 있어요.

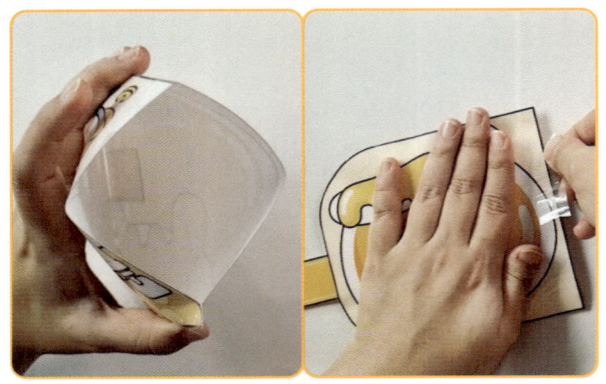

05

구멍 안에 솜을 적당히 넣고, 투명테이프로 구멍을 막아요.

 코팅하고 남은 비닐이나 휴지를 넣어도 좋아요.

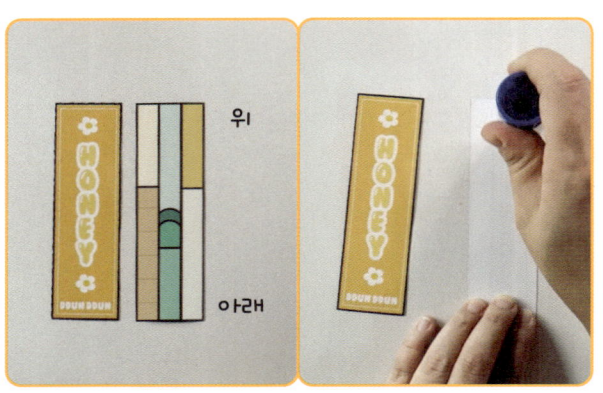

06

책등의 위아래 모양을 잘 확인하고, 뒷면이 서로 마주 보도록 풀로 붙여요.

07

책등을 책 앞표지와 뒤표지 가운데에 놓고, 안쪽과 바깥쪽에 투명테이프를 붙여 고정해요.

 책등과 표지 사이 간격을 살짝 띄어서 붙이면 책이 잘 접혀요.

08

책등 안쪽에 선이 있어요. 이 선에 맞춰서 남아 있는 2장의 스퀴시를 투명테이프로 붙여요.

 스퀴시의 앞쪽과 뒤쪽 모두 테이프로 붙여야 튼튼해요.

09

앞표지에 꿀 도안을 올리고, 꿀의 양옆을 투명테이프로 붙여요.

 캐릭터 뒷면에 투명 양면테이프를 붙이고, 꿀 안에 쏙 넣어 보관해요.

10

책을 꼭 닫을 수 있도록 띠지 안쪽에 벨크로를 붙여요.

 벨크로가 없으면 투명 양면테이프를 붙여도 좋아요.

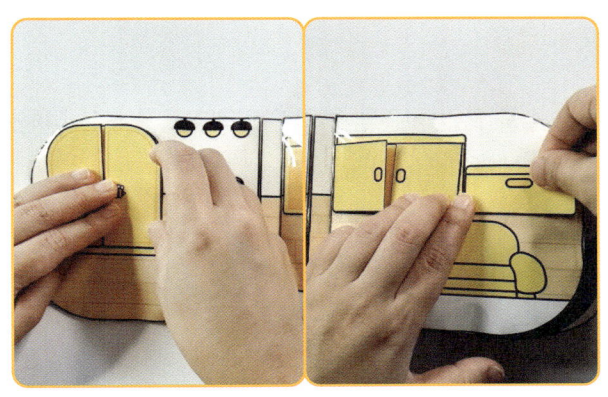

11

옷장과 수납장 문을 반으로 잘라요. 두 문을 열었다, 닫았다 할 수 있도록 문의 왼쪽과 오른쪽에만 투명테이프를 붙여요. 서랍은 아래쪽에만 붙여요.

 문의 안쪽과 바깥쪽 모두 테이프로 붙여야 튼튼해요.

12

테이블 도안 뒷면에 양면테이프를 붙이고, 투명 그림 위에 고정시켜요.

 테이블 뒤로 캐릭터가 쏙 들어가요.

13

소품 도안 뒷면에 투명 양면테이프를 붙인 다음, 책에다가 정리해요.

 안대는 침대 위에, 빈 꿀단지는 테이블 위에 붙여요.

14

투명테이프로 구름과 꽃잎, 벌집을 붙여요. 이때 구름과 꽃잎, 벌집을 열었다, 닫았다 할 수 있도록 구름과 꽃잎은 아래쪽에만, 벌집은 위쪽에만 테이프를 붙여요.

 구름과 꽃잎, 벌집의 안쪽과 바깥쪽 모두 테이프로 붙여야 튼튼해요.

15

소품 도안 뒷면에 투명 양면테이프를 붙인 다음, 책에다가 정리해요.

16

공 아래쪽에 투명테이프를 붙여 볼풀을 채워요.

 공 뒤로 캐릭터가 쏙 들어가요.

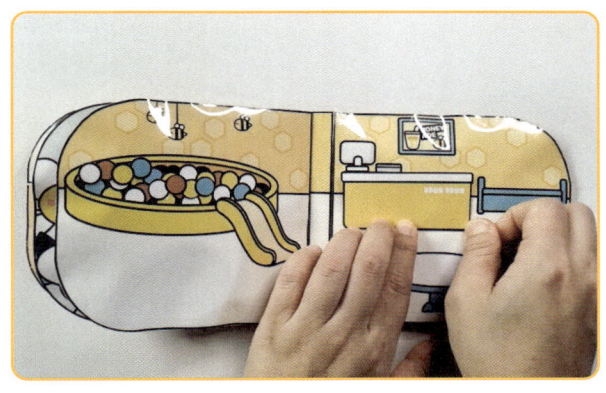

17

투명한 데스크 그림 위에 같은 그림의 도안을 겹쳐요. 그리고 데스크의 왼쪽, 오른쪽, 아래쪽에만 투명테이프를 붙여요.

 데스크 뒤로 캐릭터가 쏙 들어가요.

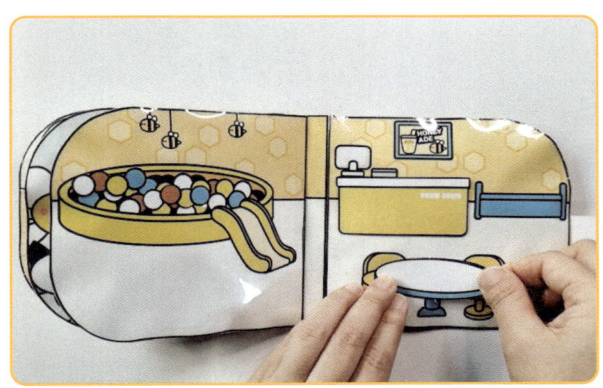

18

동그란 탁자 도안 뒷면에 양면테이프를 붙이고, 투명 그림 위에 고정시켜요.

 탁자 뒤로 캐릭터가 쏙 들어가요.

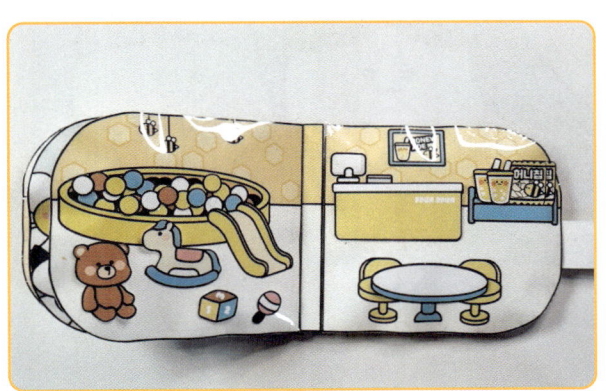

19

소품 도안 뒷면에 투명 양면테이프를 붙인 다음, 책에다가 정리해요.

20

귀여운 꿀벌 스퀴시북 완성! 여기저기 캐릭터와 소품들을 붙이며 즐겁게 놀아요.

02 달님, 제 소원을 들어주세요! 달토끼 스퀴시북

만들기 영상

둥근 달님에게 소원을 빌면 그 소원이 이루어진대요.
여러분도 꼭 이루고 싶은 소원이 있나요? 그럼 토끼 친구들과 소원을 빌어 보는 건 어때요?

만들기 재료

도안지 | 손코팅지 | 투명테이프 | 투명 양면테이프 | 박스테이프 | 벨크로(찍찍이) | 양면테이프 | 딱풀 | 가위 | 솜

재미있게 만들어요!

01

도안에 나와 있는 기호를 참고하여 코팅해요.

 헷갈린다면 9쪽의 만들기 기호 설명을 다시 읽어 보세요.

02

코팅한 도안을 예쁘게 오려요.

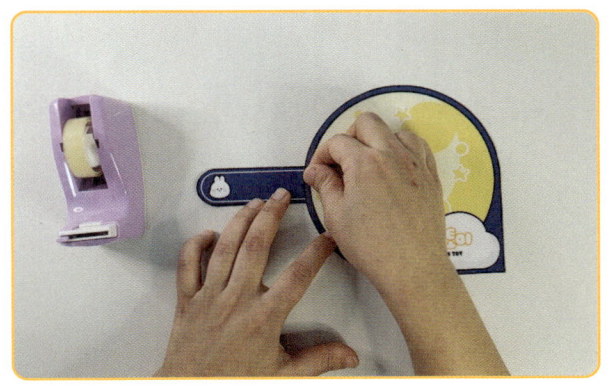

03

뒷면에 4+가 적힌 도안과 책 띠지를 준비해요. 띠지의 작은 점을 도안에 맞추고, 투명테이프로 도안과 띠지를 연결해요.

 띠지의 안쪽과 바깥쪽 모두 테이프로 붙여야 튼튼해요.

04

뒷면에 숫자가 적힌 도안을 모두 준비해요. 같은 숫자끼리 마주 보게 겹치고, 테두리를 투명테이프로 붙여요. 이때 솜을 넣을 구멍은 남겨야 해요.

 테이프에 가위집을 내면 곡선 부분도 깔끔하게 붙일 수 있어요.

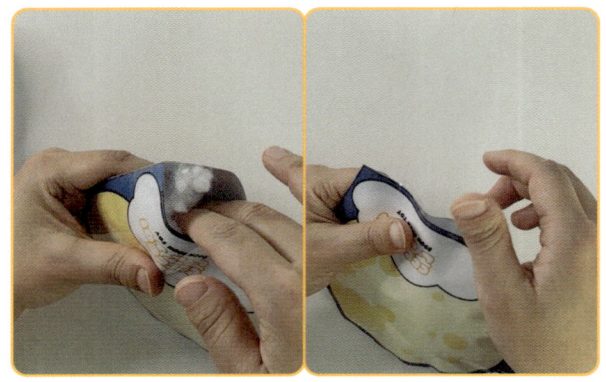

05

구멍 안에 솜을 적당히 넣고, 투명테이프로 구멍을 막아요.

 코팅하고 남은 비닐이나 휴지를 넣어도 좋아요.

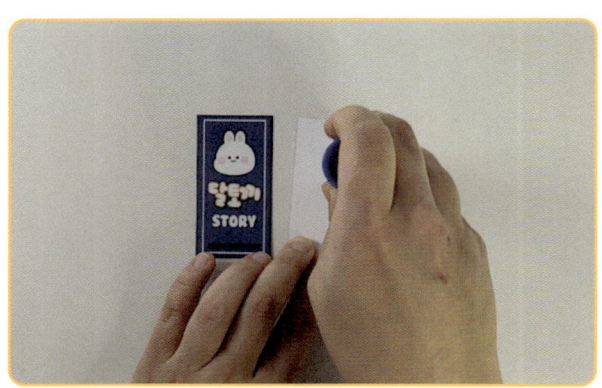

06

책등 뒷면이 서로 마주 보도록 풀로 붙여요.

07

책등을 책 앞표지와 뒤표지 가운데에 놓고, 안쪽과 바깥쪽에 투명테이프를 붙여 고정해요.

 책등과 표지 사이 간격을 살짝 띄어서 붙이면 책이 잘 접혀요.

08

책등 안쪽에 선이 있어요. 이 선에 맞춰서 남아 있는 2장의 스퀴시를 투명테이프로 붙여요.

 스퀴시의 앞쪽과 뒤쪽 모두 테이프로 붙여야 튼튼해요.

09

책을 꼭 닫을 수 있도록 띠지 안쪽에 벨크로를 붙여요.

 벨크로가 없으면 투명 양면테이프를 붙여도 좋아요.

10

구름 도안 뒷면에 양면테이프를 붙이고, 투명 그림 위에 고정시켜요.

 캐릭터 뒷면에 투명 양면테이프를 붙이고, 구름 안에 쏙 넣어서 보관해요.

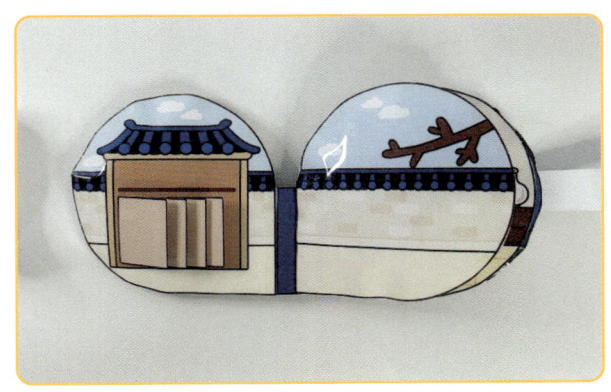

11

대문 안의 세로선에 맞춰서 네모판을 투명테이프로 붙여요.

 네모판의 앞쪽과 뒤쪽 모두 테이프로 붙여야 튼튼해요.

12

대문을 반으로 잘라요. 그리고 문을 열었다, 닫았다 할 수 있도록 대문의 왼쪽과 오른쪽에만 투명 테이프를 붙여요.

 대문의 안쪽과 바깥쪽 모두 테이프로 붙여야 튼튼해요.

소품 도안 뒷면에 투명 양면테이프를 붙인 다음, 책에다가 정리해요.

방문을 반으로 잘라요. 그리고 문을 열었다, 닫았다 할 수 있도록 방문의 왼쪽과 오른쪽에만 투명 테이프를 붙여요.

 방문의 안쪽과 바깥쪽 모두 테이프로 붙여야 튼튼해요.

소품 도안 뒷면에 투명 양면테이프를 붙인 다음, 책에다가 정리해요.

청사초롱 도안 뒷면에 투명 양면테이프를 붙이고, 벤치 위에 올려요.

깜찍한 달토끼 스퀴시북 완성! 여기저기 캐릭터와 소품들을 붙이며 즐겁게 놀아요.

03 으쌰으쌰~ 우승은 나의 것! 당근 운동회 스퀴시북

만들기 영상

당근 마을에 운동회가 열렸어요. 달리기 시합을 앞두고, 토끼와 거북이가 준비 운동을 열심히 하고 있네요! 과연 이번 달리기 시합에서는 누가 이길까요?

만들기 재료

도안지 · 손코팅지 · 투명테이프 · 투명 양면테이프 · 박스테이프 · 벨크로(찍찍이) · 양면테이프 · 딱풀 · 네임펜 · 가위 · 솜

재미있게 만들어요!

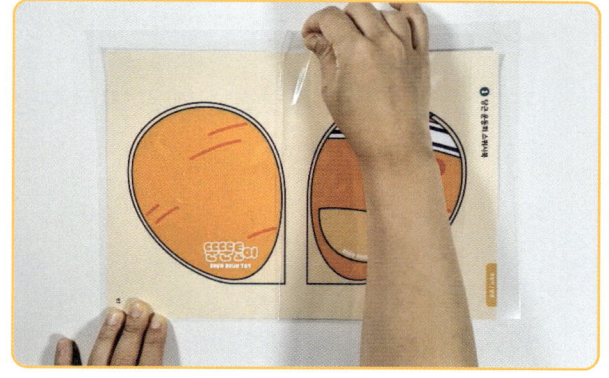

01

도안에 나와 있는 기호를 참고하여 코팅해요.

 헷갈린다면 9쪽의 만들기 기호 설명을 다시 읽어 보세요.

02

코팅한 도안을 예쁘게 오려요.

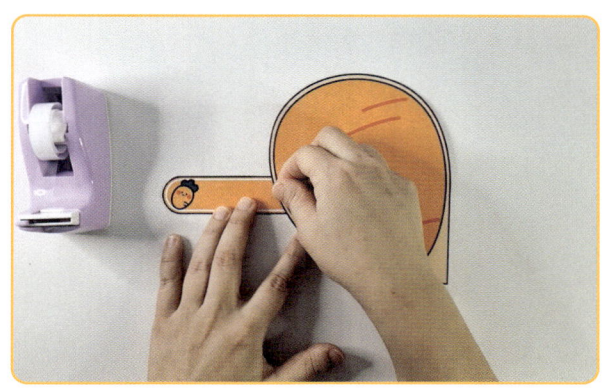

03

뒷면에 **4+**가 적힌 도안과 책 띠지를 준비해요. 띠지의 작은 점을 도안에 맞추고, 투명테이프로 도안과 띠지를 연결해요.

 띠지의 안쪽과 바깥쪽 모두 테이프로 붙여야 튼튼해요.

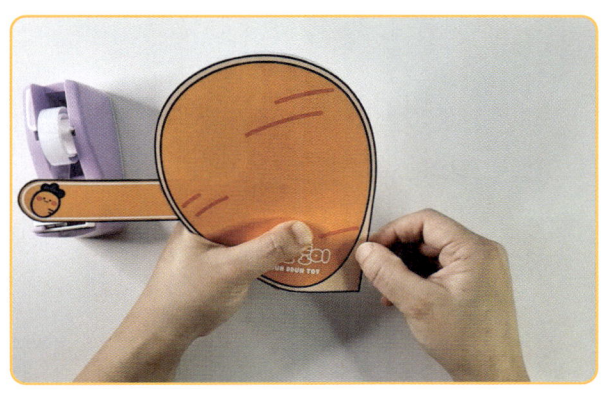

04

뒷면에 숫자가 적힌 도안을 모두 준비해요. 같은 숫자끼리 마주 보게 겹치고, 테두리를 투명테이프로 붙여요. 이때 솜을 넣을 구멍은 남겨야 해요.

 테이프에 가위집을 내면 곡선 부분도 깔끔하게 붙일 수 있어요.

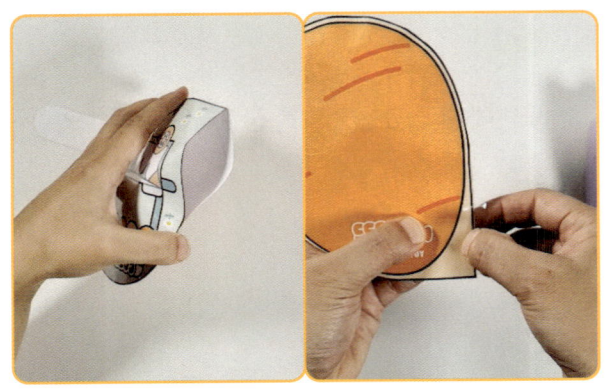

05

구멍 안에 솜을 적당히 넣고, 투명테이프로 구멍을 막아요.

 코팅하고 남은 비닐이나 휴지를 넣어도 좋아요.

06

책등의 뒷면이 서로 마주 보도록 풀로 붙여요.

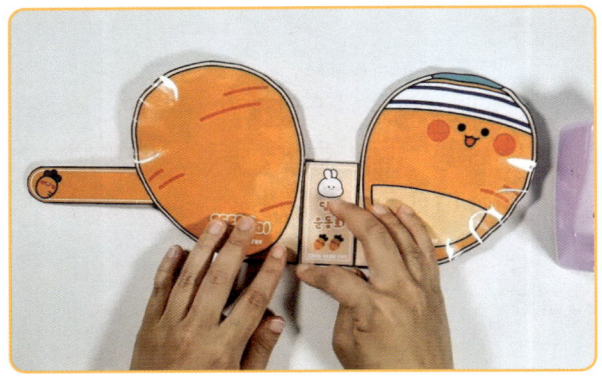

07

책등을 책 앞표지와 뒤표지 가운데에 놓고, 안쪽과 바깥쪽에 투명테이프를 붙여 고정해요.

 책등과 표지 사이 간격을 살짝 띄어서 붙이면 책이 잘 접혀요.

08

책등 안쪽에 선이 있어요. 이 선에 맞춰서 남아있는 2장의 스퀴시를 투명테이프로 붙여요.

 스퀴시의 앞쪽과 뒤쪽 모두 테이프로 붙여야 튼튼해요.

09

책을 꼭 닫을 수 있도록 띠지 안쪽에 벨크로를 붙여요.

 벨크로가 없으면 투명 양면테이프를 붙여도 좋아요.

10

당근 잎의 뒷면이 서로 마주 보도록 풀로 붙여요. 그리고 투명테이프를 이용해 앞표지 윗부분에 당근 잎을 붙여요.

 당근 잎 안쪽에도 테이프를 붙여야 튼튼해요.

11

앞표지의 투명한 주머니 그림 위에 같은 그림의 도안을 겹쳐요. 그리고 주머니의 왼쪽, 오른쪽, 아래쪽에만 투명테이프를 붙여요.

 캐릭터 뒷면에 투명 양면테이프를 붙이고, 주머니 안에 쏙 넣어 보관해요.

12

투명테이프로 풀과 시상대를 붙여요. 이때 풀과 시상대를 열었다, 닫았다 할 수 있도록 아래쪽에만 테이프를 붙여요.

 풀과 시상대의 안쪽과 바깥쪽 모두 테이프로 붙여야 튼튼해요.

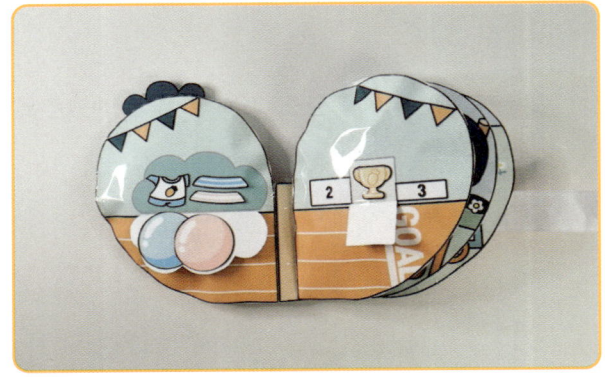

 소품 도안 뒷면에 투명 양면테이프를 붙인 다음, 책에다가 정리해요.

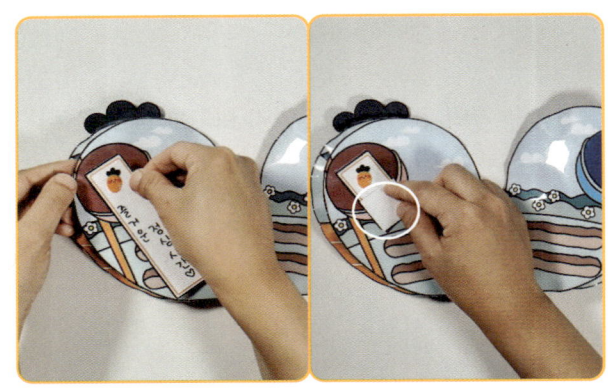

 박에 넣을 종이 위에 네임펜으로 글씨를 써요. 투명테이프로 종이 윗부분을 박 속에 붙이고, 선에 맞춰 접어 올린 뒤 안쪽을 투명 양면테이프로 고정해요.

 박을 열었다, 닫았다 할 수 있도록 박 뚜껑 위쪽에만 투명테이프를 붙여요.

 박 뚜껑의 안쪽과 바깥쪽 모두 테이프로 붙여야 튼튼해요.

 투명한 당근 밭 그림 위에 같은 그림의 도안을 겹쳐요. 그리고 밭의 왼쪽, 오른쪽, 아래쪽에만 투명테이프를 붙여요.

 밭 안으로 당근이 쏙 들어가요.

17

당근 도안 뒷면에 투명 양면테이프를 붙인 다음, 밭에 골고루 심어요.

18

투명한 솜사탕 가게 그림 위에 같은 그림의 도안을 겹치고, 양옆을 투명테이프로 붙여요. 그다음 솜사탕 도안 뒷면에 투명 양면테이프를 붙이고, 매대에 올려요.

 매대 뒤로 캐릭터가 쏙 들어가요.

19

도시락 도안 뒷면에 투명 양면테이프를 붙이고, 돗자리 위에 올려요.

 도시락 뚜껑도 투명 양면테이프를 이용해 붙이면 돼요.

20

으라차차 당근 운동회 스퀴시북 완성! 여기저기 캐릭터와 소품들을 붙이며 즐겁게 놀아요.

04 달콤한 딸기 우유 집으로 놀러 오세요~
딸기 우유 집 스퀴시북

만들기 영상

예쁜 고양이 옹이가 딸기 우유 집으로 이사했대요. 그래서 우리 모두를 집으로 초대했답니다.
옹이네 집에 놀러 가서 이것저것 구경도 하고 신나게 놀아요!

만들기 재료

도안지 · 손코팅지 · 투명테이프 · 투명 양면테이프 · 박스테이프 · 벨크로(찍찍이) · 양면테이프 · 딱풀 · 칼 · 가위 · 솜

재미있게 만들어요!

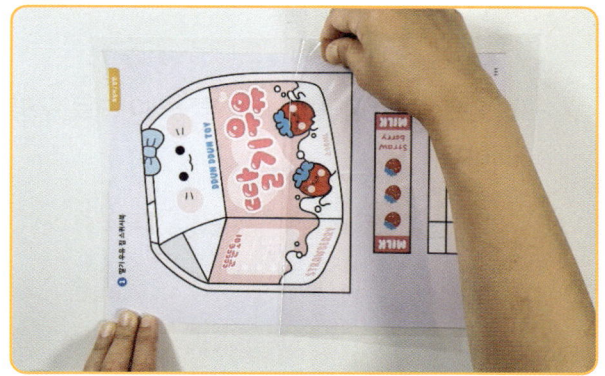

01

도안에 나와 있는 기호를 참고하여 코팅해요.

 헷갈린다면 9쪽의 만들기 기호 설명을 다시 읽어 보세요.

02

코팅한 도안을 예쁘게 오려요.

03

뒷면에 3+가 적힌 도안과 책 띠지를 준비해요. 띠지의 작은 점을 도안에 맞추고, 투명테이프로 도안과 띠지를 연결해요.

 띠지의 안쪽과 바깥쪽 모두 테이프로 붙여야 튼튼해요.

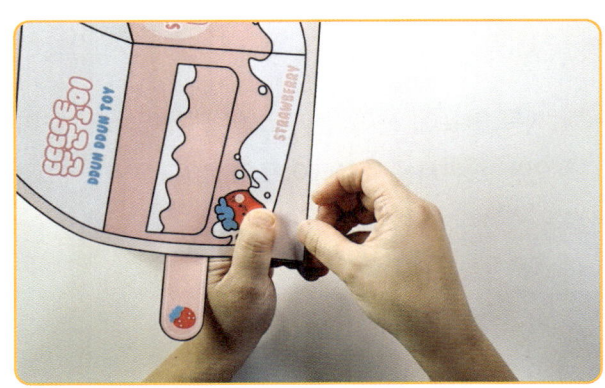

04

뒷면에 숫자가 적힌 도안을 모두 준비해요. 같은 숫자끼리 마주 보게 겹치고, 테두리를 투명테이프로 붙여요. 이때 솜을 넣을 구멍은 남겨야 해요.

 테이프에 가위집을 내면 곡선 부분도 깔끔하게 붙일 수 있어요.

 05

구멍 안에 솜을 적당히 넣고, 투명테이프로 구멍을 막아요.

 코팅하고 남은 비닐이나 휴지를 넣어도 좋아요.

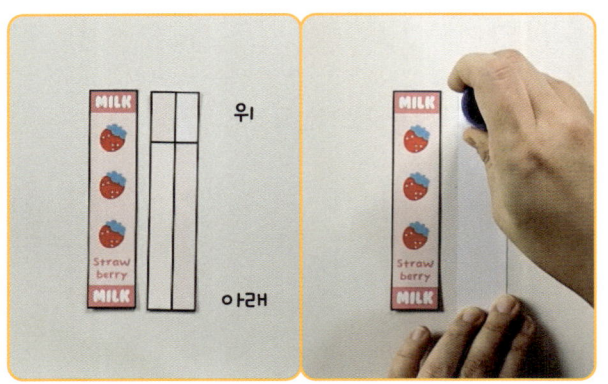

 06

책등의 위아래 모양을 잘 확인하고, 책등 뒷면이 서로 마주 보도록 풀로 붙여요.

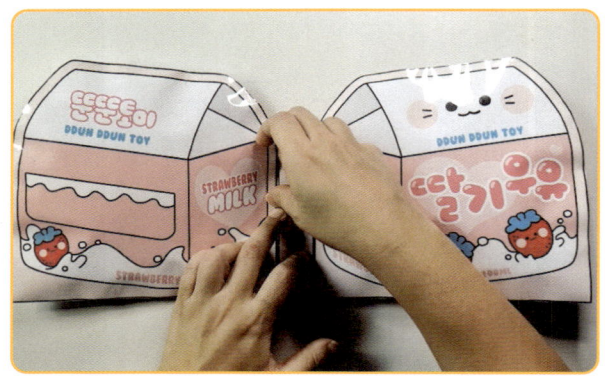

 07

책등을 책 앞표지와 뒤표지 가운데에 놓고, 안쪽과 바깥쪽에 투명테이프를 붙여 고정해요.

💡 책등과 표지 사이 간격을 살짝 띄어서 붙이면 책이 잘 접혀요.

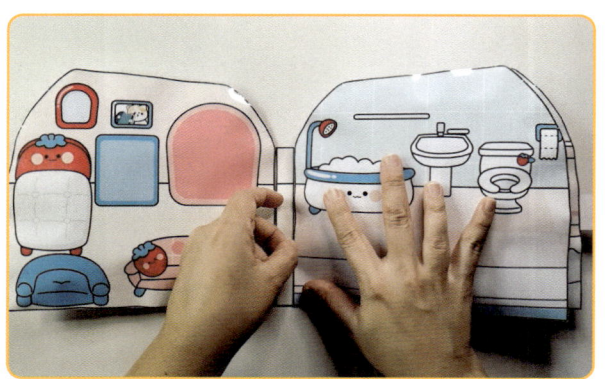

 08

책등 안쪽에 선이 있어요. 이 선에 맞춰서 남아 있는 스퀴시를 투명테이프로 붙여요.

💡 스퀴시의 앞쪽과 뒤쪽 모두 테이프로 붙여야 튼튼해요.

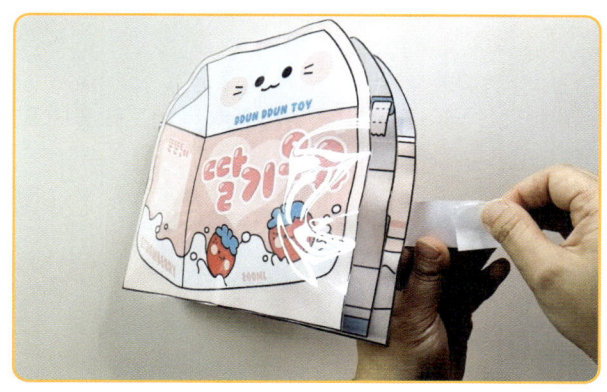

09

책을 꼭 닫을 수 있도록 띠지 안쪽에 벨크로를 붙여요.

 벨크로가 없으면 투명 양면테이프를 붙여도 좋아요.

10

앞표지 윗부분에 고양이 귀를 맞추고, 아래쪽을 투명테이프로 붙여요.

 귀 안쪽에도 테이프를 붙여야 튼튼해요.

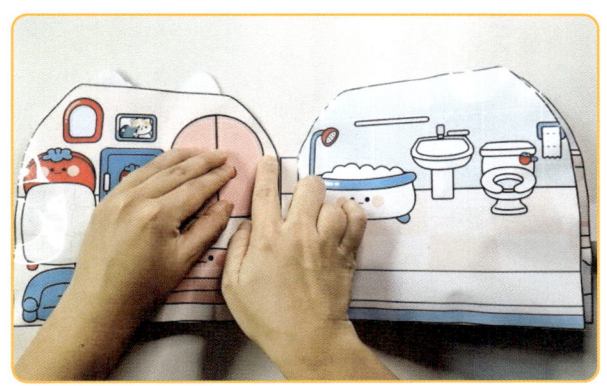

11

옷장 문을 반으로 잘라요. 그다음 투명테이프로 옷장과 캐비닛 문을 붙여요. 이때 문을 열었다, 닫았다 할 수 있도록 옷장은 왼쪽과 오른쪽에만, 캐비닛은 오른쪽에만 테이프를 붙여요.

 문의 안쪽과 바깥쪽 모두 테이프로 붙여야 튼튼해요.

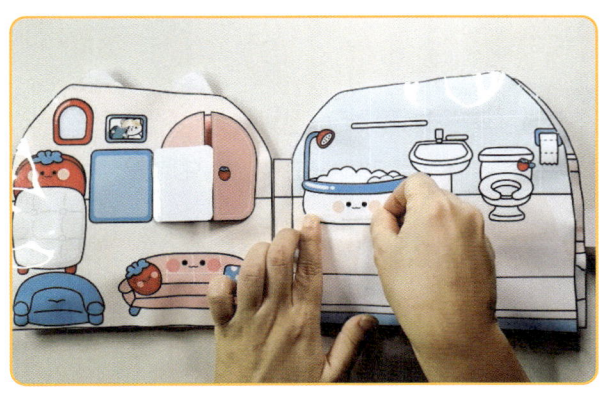

12

투명한 욕조 그림 위에 같은 그림의 도안을 겹쳐요. 그리고 욕조의 왼쪽, 오른쪽, 아래쪽에만 투명테이프를 붙여요.

 욕조 안으로 캐릭터가 쏙 들어가요.

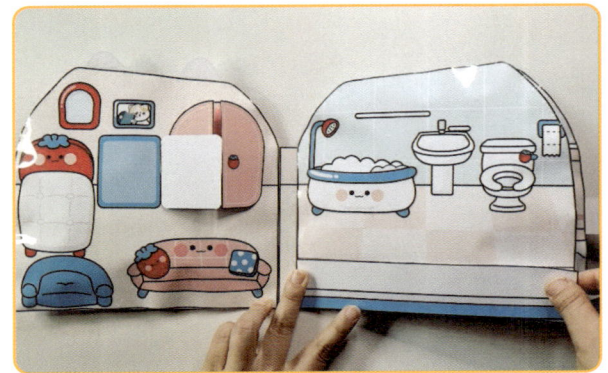

13

화장실 테이블 도안 뒷면에 양면테이프를 붙이고, 투명 그림 위에 고정시켜요.

 테이블 뒤로 캐릭터가 쏙 들어가요.

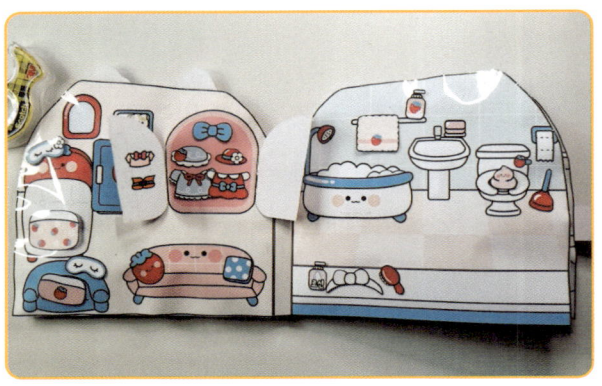

14

소품 도안 뒷면에 투명 양면테이프를 붙인 다음, 책에다가 정리해요.

 수영복과 선글라스는 캐비닛 안에 보관해요.

15

투명한 싱크대 그림 위에 같은 그림의 도안을 겹쳐요. 그리고 싱크대의 왼쪽, 오른쪽, 아래쪽에만 투명테이프를 붙여요.

 싱크대 뒤로 캐릭터가 쏙 들어가요.

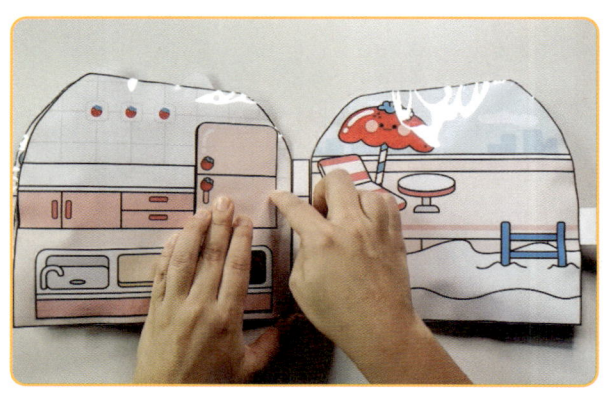

16

냉장고 문을 열었다, 닫았다 할 수 있도록 문의 오른쪽에만 투명테이프를 붙여요.

 문의 안쪽과 바깥쪽 모두 테이프로 붙여야 튼튼해요.

17

수영장 도안 뒷면에 양면테이프를 붙이고, 투명 그림 위에 고정시켜요.

 수영장 안으로 캐릭터가 쏙 들어가요.

18

식빵이 들어가도록 토스트기에 있는 하얀 선을 칼로 오려요. 그다음 소품 도안 뒷면에 투명 양면테이프를 붙이고, 책에다가 정리해요.

 칼은 위험하니까 어른의 도움을 받아요!

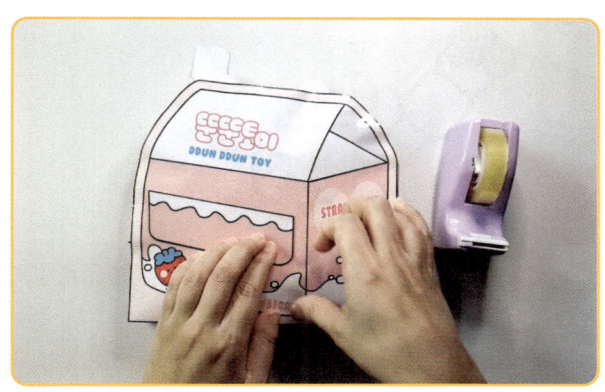

19

뒤표지의 투명한 주머니 그림 위에 같은 그림의 도안을 겹쳐요. 그리고 주머니의 왼쪽, 오른쪽, 아래쪽에만 투명테이프를 붙여요.

 캐릭터 뒷면에 투명 양면테이프를 붙이고, 주머니 안에 쏙 넣어서 보관해요.

20

앙증맞은 딸기 우유 집 스퀴시북 완성! 여기저기 캐릭터와 소품들을 붙이며 즐겁게 놀아요.

05 달달한 초콜릿 카페로 놀러 오세요~
초코 우유 카페 스퀴시북

만들기 영상

듬직한 곰돌이 탱이가 달콤한 초콜릿 카페를 열었대요. 초코 퐁듀, 초코 아이스크림, 그리고 곰돌이 모양의 초콜릿까지 있다고 해요! 어서 빨리 달콤한 디저트를 맛보러 갈까요?

초콜릿을 먹은 다음 양치는 필수!

만들기 재료

도안지 | 손코팅지 | 투명테이프 | 투명 양면테이프 | 박스테이프 | 벨크로(찍찍이) | 양면테이프 | 딱풀 | 가위 | 솜

재미있게 만들어요!

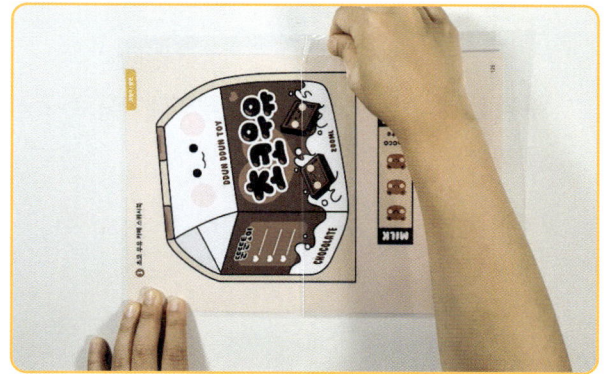

01
도안에 나와 있는 기호를 참고하여 코팅해요.

 헷갈린다면 9쪽의 만들기 기호 설명을 다시 읽어 보세요.

02
코팅한 도안을 예쁘게 오려요.

03
뒷면에 3+가 적힌 도안과 책 띠지를 준비해요. 띠지의 작은 점을 도안에 맞추고, 투명테이프로 도안과 띠지를 연결해요.

 띠지의 안쪽과 바깥쪽 모두 테이프로 붙여야 튼튼해요.

04
뒷면에 숫자가 적힌 도안을 모두 준비해요. 같은 숫자끼리 마주 보게 겹치고, 테두리를 투명테이프로 붙여요. 이때 솜을 넣을 구멍은 남겨야 해요.

 테이프에 가위집을 내면 곡선 부분도 깔끔하게 붙일 수 있어요.

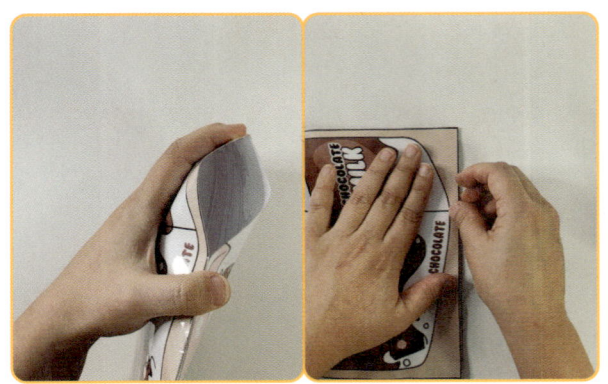

 05

구멍 안에 솜을 적당히 넣고, 투명테이프로 구멍을 막아요.

 코팅하고 남은 비닐이나 휴지를 넣어도 좋아요.

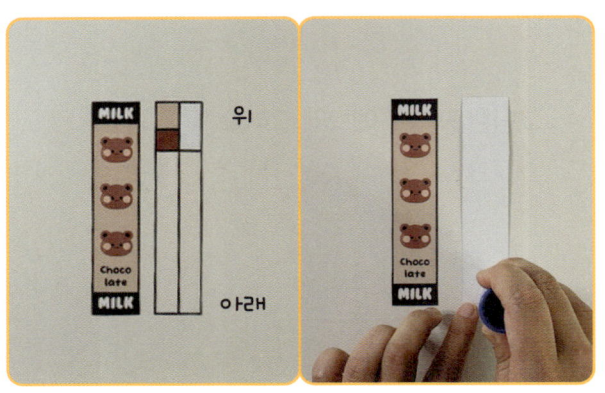

 06

책등의 위아래 모양을 잘 확인하고, 책등 뒷면이 서로 마주 보도록 풀로 붙여요.

 07

책등을 책 앞표지와 뒤표지 가운데에 놓고, 안쪽과 바깥쪽에 투명테이프를 붙여 고정해요.

책등과 표지 사이 간격을 살짝 띄어서 붙이면 책이 잘 접혀요.

 08

책등 안쪽에 선이 있어요. 이 선에 맞춰서 남아있는 스퀴시를 투명테이프로 붙여요.

스퀴시의 앞쪽과 뒤쪽 모두 테이프로 붙여야 튼튼해요.

09

책을 꼭 닫을 수 있도록 띠지 안쪽에 벨크로를 붙여요.

 벨크로가 없으면 투명 양면테이프를 붙여도 좋아요.

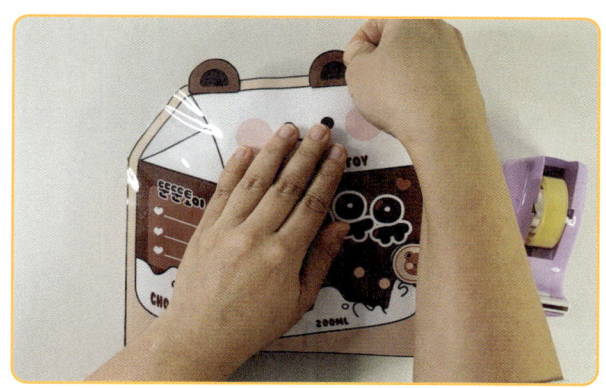

10

앞표지 윗부분에 곰돌이 귀를 맞추고, 아래쪽을 투명테이프로 붙여요.

 귀 안쪽에도 테이프를 붙여야 튼튼해요.

11

캐비닛을 열었다, 닫았다 할 수 있도록 문 오른쪽에만 투명테이프를 붙여요. 그다음 원형 테이블 도안 뒷면에 양면테이프를 붙이고, 투명 그림 위에 고정시켜요.

 문의 안쪽과 바깥쪽 모두 테이프로 붙여야 튼튼해요.

12

투명한 욕조 그림 위에 같은 그림의 도안을 겹쳐요. 그리고 욕조의 왼쪽, 오른쪽, 아래쪽에만 투명테이프를 붙여요.

 욕조 안으로 캐릭터가 쏙 들어가요.

13

화장실 테이블 도안 뒷면에 양면테이프를 붙이고, 투명 그림 위에 고정시켜요.

 테이블 뒤로 캐릭터가 쏙 들어가요.

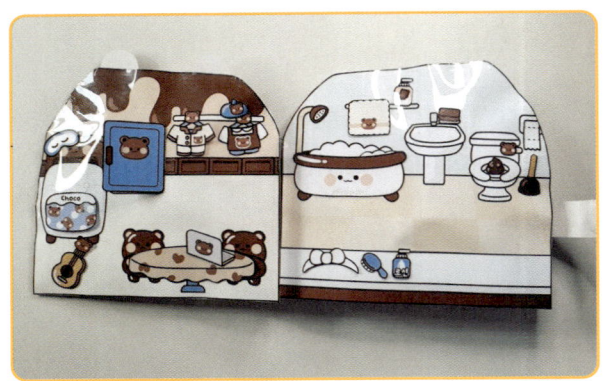

14

소품 도안 뒷면에 투명 양면테이프를 붙인 다음, 책에다가 정리해요.

 일상복은 캐비닛 안에 보관해요.

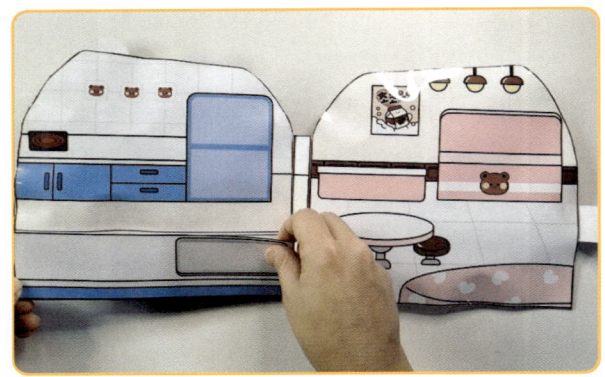

15

조리대 도안 뒷면에 양면테이프를 붙이고, 투명 그림 위에 고정시켜요.

 조리대 뒤로 캐릭터가 쏙 들어가요.

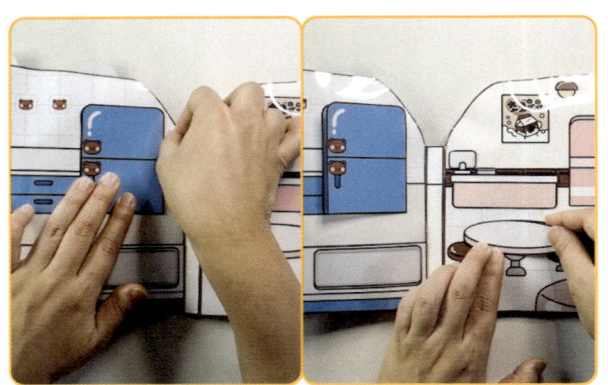

16

냉장고 문을 열었다, 닫았다 할 수 있도록 문의 오른쪽에만 투명테이프를 붙여요. 그다음 양면 테이프로 테이블을 붙여요.

 문의 안쪽과 바깥쪽 모두 테이프로 붙여야 튼튼해요.

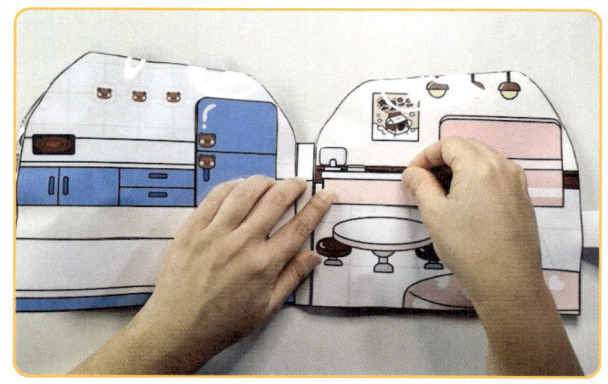

17

투명한 계산대 그림 위에 같은 그림의 도안을 겹쳐요. 그리고 계산대의 왼쪽과 오른쪽, 아래쪽에만 투명테이프를 붙여요.

 계산대 뒤로 캐릭터가 쏙 들어가요.

18

소품 도안 뒷면에 투명 양면테이프를 붙인 다음, 책에다가 정리해요.

19

뒤표지의 투명한 주머니 그림 위에 같은 그림의 도안을 겹쳐요. 그리고 주머니의 왼쪽, 오른쪽, 아래쪽에만 투명테이프를 붙여요.

 캐릭터와 카드 뒷면에 투명 양면테이프를 붙이고, 주머니 안에 쏙 넣어서 보관해요.

20

사랑스러운 초코 우유 카페 스퀴시북 완성! 여기 저기 캐릭터와 소품들을 붙이며 즐겁게 놀아요.

06 더울 땐 아이스크림이 최고지! 아이스크림 가게 스퀴시북

만들기 영상

귀여운 곰 인형 포포가 킥보드를 타러 간대요. 해가 쨍쨍해서 킥보드를 타다 보면 더울 수도 있겠어요! 그럴 땐 달콤한 아이스크림을 먹으며 땀을 식히는 건 어떨까요?

덥다 더워! 아이스크림 가게로 도망가자~

만들기 재료

도안지 · 손코팅지 · 투명테이프 · 투명 양면테이프 · 박스테이프 · 벨크로(찍찍이) · 양면테이프 · 딱풀 · 가위 · 솜

재미있게 만들어요!

01

도안에 나와 있는 기호를 참고하여 코팅해요.

 헷갈린다면 9쪽의 만들기 기호 설명을 다시 읽어 보세요.

02

코팅한 도안을 예쁘게 오려요.

03

뒷면에 **4+** 가 적힌 도안과 책 띠지를 준비해요. 띠지의 작은 점을 도안에 맞추고, 투명테이프로 도안과 띠지를 연결해요.

 띠지의 안쪽과 바깥쪽 모두 테이프로 붙여야 튼튼해요.

04

뒷면에 숫자가 적힌 도안을 모두 준비해요. 같은 숫자끼리 마주 보게 겹치고, 테두리를 투명테이프로 붙여요. 이때 솜을 넣을 구멍은 남겨야 해요.

 테이프에 가위집을 내면 곡선 부분도 깔끔하게 붙일 수 있어요.

05

구멍 안에 솜을 적당히 넣고, 투명테이프로 구멍을 막아요.

 코팅하고 남은 비닐이나 휴지를 넣어도 좋아요.

06

책등의 위아래 모양을 잘 확인하고, 책등 뒷면이 서로 마주 보도록 풀로 붙여요.

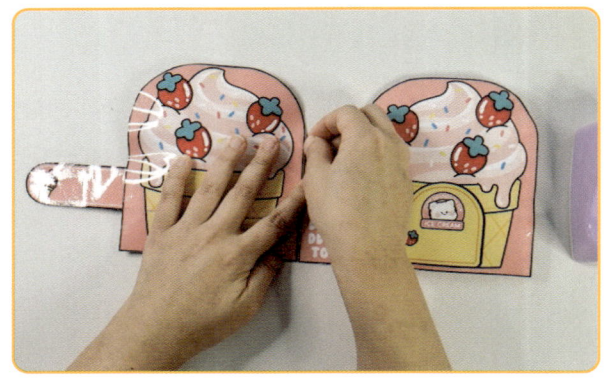

07

책등을 책 앞표지와 뒤표지 가운데에 놓고, 안쪽과 바깥쪽에 투명테이프를 붙여 고정해요.

 책등과 표지 사이 간격을 살짝 띄어서 붙이면 책이 잘 접혀요.

08

책등 안쪽에 선이 있어요. 이 선에 맞춰서 남아 있는 2장의 스퀴시를 투명테이프로 붙여요.

 스퀴시의 앞쪽과 뒤쪽 모두 테이프로 붙여야 튼튼해요.

책을 꼭 닫을 수 있도록 띠지 안쪽에 벨크로를 붙여요.

 벨크로가 없으면 투명 양면테이프를 붙여도 좋아요.

10

투명한 탁자 그림 위에 같은 그림의 도안을 겹쳐요. 그리고 탁자 양옆을 투명테이프로 붙여요.

 탁자 뒤로 캐릭터가 쏙 들어가요.

11

소품 도안 뒷면에 투명 양면테이프를 붙인 다음, 책에다가 정리해요.

12

가게 문을 열었다, 닫았다 할 수 있도록 문 왼쪽에만 투명테이프를 붙여요.

 문의 안쪽과 바깥쪽 모두 테이프로 붙여야 튼튼해요.

13

아이스크림 진열대와 매대, 테이블 도안 뒷면에 양면테이프를 붙이고, 투명 그림 위에 고정시켜요.

 진열대와 매대, 테이블 뒤로 캐릭터가 들어가요.

14

소품 도안 뒷면에 투명 양면테이프를 붙인 다음, 책에다가 정리해요.

15

뒤표지의 투명한 아이스크림콘 그림 위에 같은 그림의 도안을 겹쳐요. 그리고 콘의 왼쪽, 오른쪽, 아래쪽에만 투명테이프를 붙여요.

16

투명 양면테이프를 이용해 캐릭터 옷을 입혀요.

 캐릭터 뒷면에 투명 양면테이프를 붙이고, 콘 안에 쏙 넣어 보관해요.

달콤한 아이스크림 가게 스퀴시북 완성! 여기저기 캐릭터와 소품들을 붙이며 즐겁게 놀아요.

07 룰루랄라~ 영화관 데이트를 즐겨요!
토끼 영화관 스퀴시북

만들기 영상

예쁜 고양이 옹이와 멋진 곰돌이 달봉이가 토끼 영화관에 갔어요.
데이트를 기념하며 팝콘도 샀답니다. 과연 옹이랑 달봉이는 어떤 재미난 영화를 보게 될까요?

만들기 재료

도안지 · 손코팅지 · 투명테이프 · 투명 양면테이프 · 박스테이프 · 벨크로(찍찍이) · 양면테이프 · 딱풀 · 가위 · 솜

재미있게 만들어요!

01

도안에 나와 있는 기호를 참고하여 코팅해요.

💡 헷갈린다면 9쪽의 만들기 기호 설명을 다시 읽어 보세요.

02

코팅한 도안을 예쁘게 오려요.

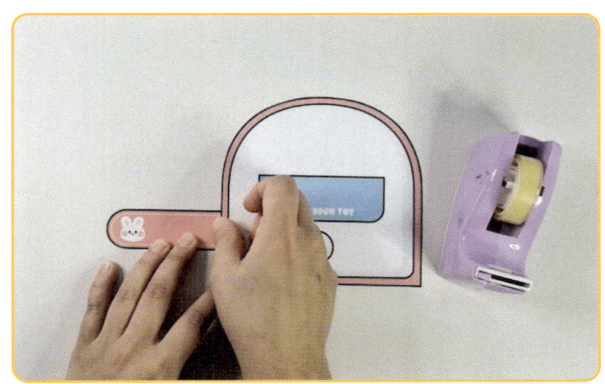

03

뒷면에 4+ 가 적힌 도안과 책 띠지를 준비해요. 띠지의 작은 점을 도안에 맞추고, 투명테이프로 도안과 띠지를 연결해요.

💡 띠지의 안쪽과 바깥쪽 모두 테이프로 붙여야 튼튼해요.

04

뒷면에 숫자가 적힌 도안을 모두 준비해요. 같은 숫자끼리 마주 보게 겹치고, 테두리를 투명테이프로 붙여요. 이때 솜을 넣을 구멍은 남겨야 해요.

💡 테이프에 가위집을 내면 곡선 부분도 깔끔하게 붙일 수 있어요.

51

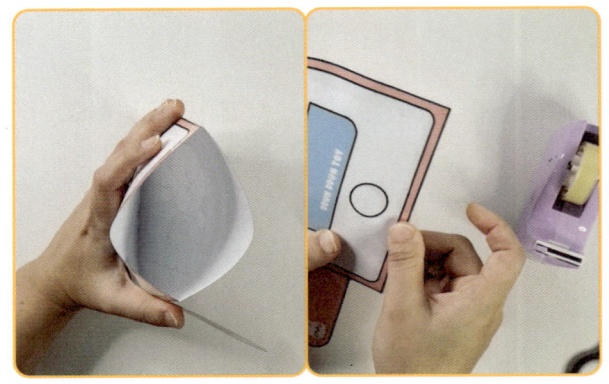

05

구멍 안에 솜을 적당히 넣고, 투명테이프로 구멍을 막아요.

 코팅하고 남은 비닐이나 휴지를 넣어도 좋아요.

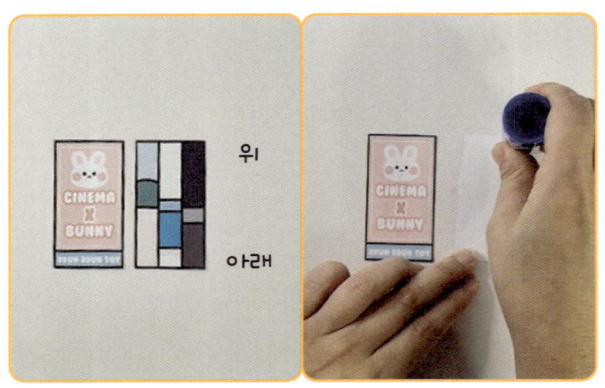

06

책등의 위아래 모양을 잘 확인하고, 책등 뒷면이 서로 마주 보도록 풀로 붙여요.

07

책등을 책 앞표지와 뒤표지 가운데에 놓고, 안쪽과 바깥쪽에 투명테이프를 붙여 고정해요.

 책등과 표지 사이 간격을 살짝 띄어서 붙이면 책이 잘 접혀요.

08

책등 안쪽에 선이 있어요. 이 선에 맞춰서 남아있는 2장의 스퀴시를 투명테이프로 붙여요.

 스퀴시의 앞쪽과 뒤쪽 모두 테이프로 붙여야 튼튼해요.

09

책을 꼭 닫을 수 있도록 띠지 안쪽에 벨크로를 붙여요.

 벨크로가 없으면 투명 양면테이프를 붙여도 좋아요.

10

책 앞표지 윗부분에 토끼 귀를 맞추고, 아래쪽을 투명테이프로 붙여요.

 귀 안쪽에도 테이프를 붙여야 튼튼해요.

11

출입문을 반으로 잘라요. 그리고 문을 열었다, 닫았다 할 수 있도록 출입문의 왼쪽과 오른쪽에만 투명테이프를 붙여요.

 문의 안쪽과 바깥쪽 모두 테이프로 붙여야 튼튼해요.

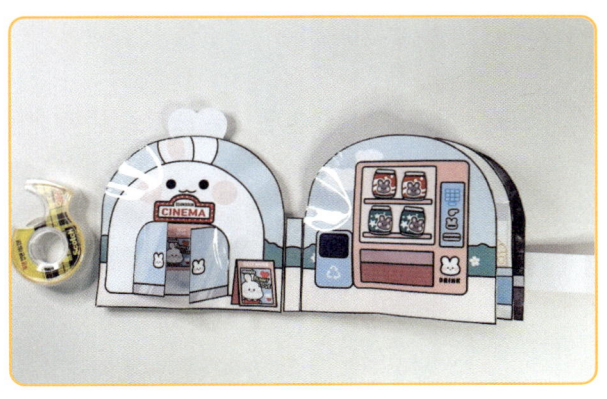

12

소품 도안 뒷면에 투명 양면테이프를 붙인 다음, 책에다가 정리해요.

13

카운터 도안 뒷면에 양면테이프를 붙이고, 투명 그림 위에 고정시켜요.

 카운터 뒤로 캐릭터가 쏙 들어가요.

14

팝콘 기계를 열었다, 닫았다 할 수 있도록 기계 오른쪽에만 투명테이프를 붙여요.

 기계의 안쪽과 바깥쪽 모두 테이프로 붙여야 튼튼해요.

15

소품 도안 뒷면에 투명 양면테이프를 붙인 다음, 책에다가 정리해요.

16

스크린 장면을 바꿀 수 있도록 스크린 위쪽에만 투명테이프를 붙여요.

 스크린의 안쪽과 바깥쪽 모두 테이프로 붙여야 튼튼해요.

3D안경 도안 뒷면에 투명 양면테이프를 붙이고, 좌석에 하나씩 두어요.

18

뒤표지의 투명한 주머니 그림 위에 같은 그림의 도안을 겹쳐요. 그리고 주머니의 왼쪽, 오른쪽, 아래쪽에만 투명테이프를 붙여요.

19

투명 양면테이프를 이용해 캐릭터 옷을 입혀요. 그다음 카드 도안 뒷면에 투명 양면테이프를 붙이고, 주머니 아래에 보관해요.

 캐릭터는 뒷면에 투명 양면테이프를 붙이고, 주머니 안에 쏙 넣어 보관해요.

20

두근두근 토끼 영화관 스퀴시북 완성! 여기저기 캐릭터와 소품들을 붙이며 즐겁게 놀아요.

08 여기가 바로 붕어빵 맛집! 인어공주 붕어빵 가게 스퀴시북

만들기 영상

인어공주가 바닷속에 붕어빵 가게를 차렸어요. 그런데 그 붕어빵 가게가 맛집이라는 소문이 퍼졌답니다. 얼마나 맛있는지, 붕어빵을 사랑하는 옹이와 함께 확인하러 가 보아요!

인어공주가 만든 따끈따끈한 붕어빵~!

만들기 재료

도안지 | 손코팅지 | 투명테이프 | 투명 양면테이프 | 박스테이프 | 벨크로(찍찍이) | 양면테이프 | 딱풀 | 가위 | 솜

재미있게 만들어요!

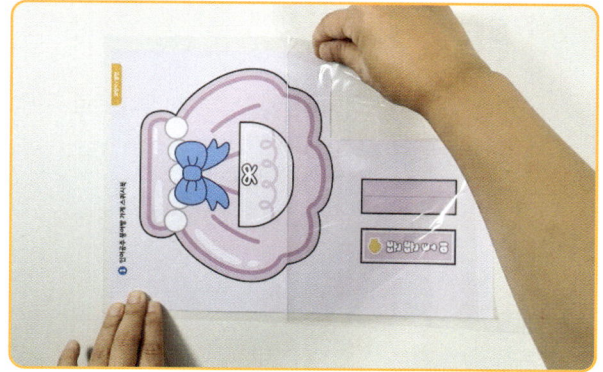

01

도안에 나와 있는 기호를 참고하여 코팅해요.

 헷갈린다면 9쪽의 만들기 기호 설명을 다시 읽어 보세요.

02

코팅한 도안을 예쁘게 오려요.

03

뒷면에 3+가 적힌 도안과 책 띠지를 준비해요. 띠지의 작은 점을 도안에 맞추고, 투명테이프로 도안과 띠지를 연결해요.

 띠지의 안쪽과 바깥쪽 모두 테이프로 붙여야 튼튼해요.

04

뒷면에 숫자가 적힌 도안을 모두 준비해요. 같은 숫자끼리 마주 보게 겹치고, 테두리를 투명테이프로 붙여요. 이때 솜을 넣을 구멍은 남겨야 해요.

 테이프에 가위집을 내면 곡선 부분도 깔끔하게 붙일 수 있어요.

05

구멍 안에 솜을 적당히 넣고, 투명테이프로 구멍을 막아요.

 코팅하고 남은 비닐이나 휴지를 넣어도 좋아요.

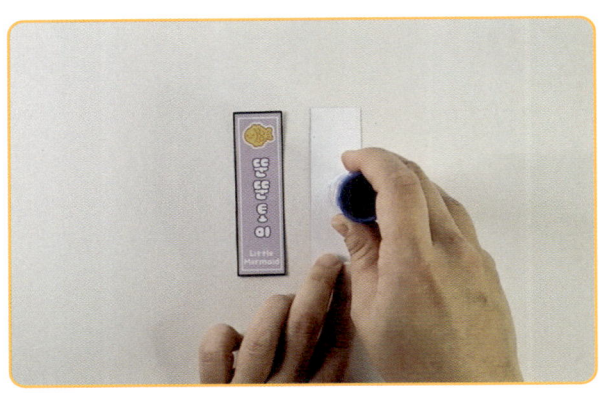

06

책등 뒷면이 서로 마주 보도록 풀로 붙여요.

07

책등을 책 앞표지와 뒤표지 가운데에 놓고, 안쪽과 바깥쪽에 투명테이프를 붙여 고정해요.

 책등과 표지 사이 간격을 살짝 띄어서 붙이면 책이 잘 접혀요.

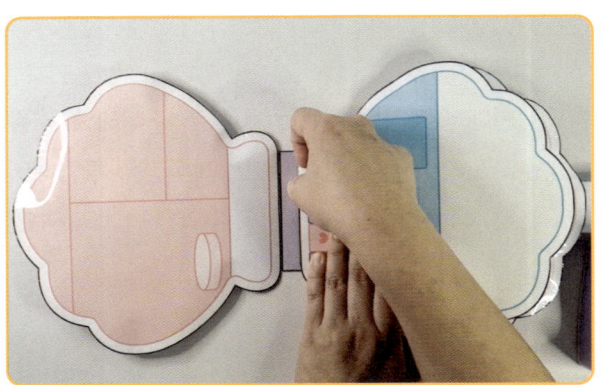

08

책등 안쪽에 선이 있어요. 이 선에 맞춰서 남아있는 스퀴시를 투명테이프로 붙여요.

 스퀴시의 앞쪽과 뒤쪽 모두 테이프로 붙여야 튼튼해요.

09

책을 꼭 닫을 수 있도록 띠지 안쪽에 벨크로를 붙여요.

 벨크로가 없으면 투명 양면테이프를 붙여도 좋아요.

10

주머니 도안 뒷면에 양면테이프를 붙이고, 투명 그림 위에 고정시켜요.

 캐릭터 뒷면에 투명 양면테이프를 붙이고, 주머니 안에 쏙 넣어 보관해요.

11

인어공주와 소품 도안 뒷면에 투명 양면테이프를 붙이고, 책에다가 정리해요.

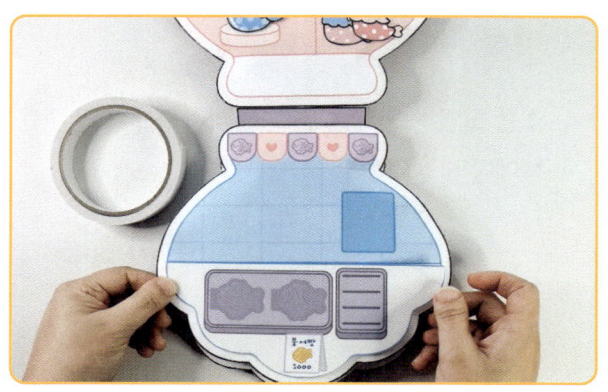

12

조리대 도안 뒷면에 양면테이프를 붙이고, 투명 그림 위에 고정시켜요.

 조리대 뒤로 캐릭터가 쏙 들어가요.

13

냉장고를 열었다, 닫았다 할 수 있도록 문 오른쪽에만 투명테이프를 붙여요.

 문의 안쪽과 바깥쪽 모두 테이프로 붙여야 튼튼해요.

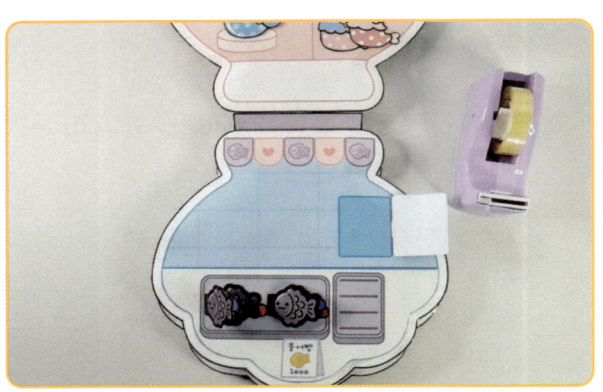

14

붕어빵 틀을 열었다, 닫았다 할 수 있도록 틀의 왼쪽에만 투명테이프를 붙여요. 이때 빨간 손잡이가 달린 붕어빵 틀을 먼저 붙이고, 그 위에 파란 손잡이가 달린 붕어빵 틀을 붙여요.

 틀의 안쪽과 바깥쪽 모두 테이프로 붙여야 튼튼해요.

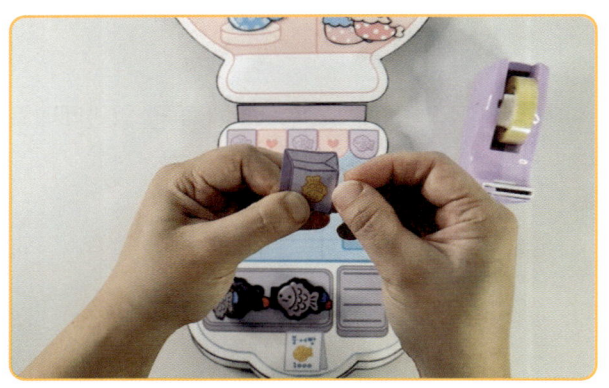

15

봉투 도안 위에 붕어빵이 그려진 봉투 앞 도안을 겹쳐요. 이때 왼쪽과 오른쪽, 아래쪽에만 투명테이프를 붙여서 안쪽에 붕어빵을 넣을 수 있도록 만들어요.

16

소품 도안 뒷면에 투명 양면테이프를 붙인 다음, 책에다가 정리해요.

17

조개 침대를 열었다, 닫았다 할 수 있도록 조개 위쪽에만 투명테이프를 붙여요.

 조개의 안쪽과 바깥쪽 모두 테이프로 붙여야 튼튼해요.

18

소품 도안 뒷면에 투명 양면테이프를 붙인 다음, 책에다가 정리해요.

19

테이블 도안 뒷면에 양면테이프를 붙이고, 투명 그림 위에 고정시켜요.

20

투명한 박스 그림 위에 같은 그림의 도안을 겹쳐요. 이때 왼쪽, 오른쪽, 아래쪽에만 투명테이프를 붙여서 안쪽에 물건을 담을 수 있도록 만들어요.

21

마스크팩 봉투 도안 뒷면끼리 마주 보게 겹쳐 투명테이프를 붙여요. 이때 왼쪽, 오른쪽, 아래쪽에만 투명테이프를 붙여서 봉투 안에 팩을 넣을 수 있도록 만들어요.

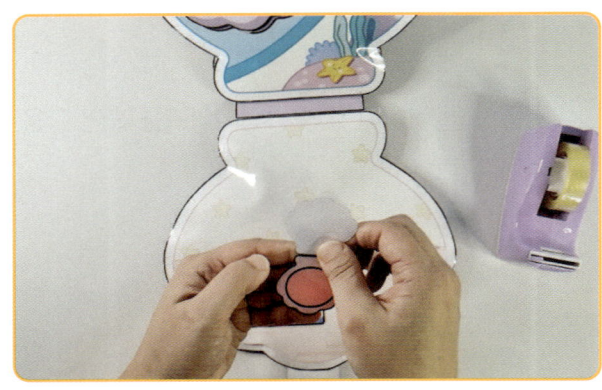

22

파우더 도안을 겹쳐요. 그리고 파우더를 열었다, 닫았다 할 수 있도록 위쪽에만 투명테이프를 붙여요.

 파우더의 안쪽과 바깥쪽 모두 테이프로 붙여야 튼튼해요.

23

퍼프 뒷면에 투명 양면테이프를 붙이고, 파우더 안에 보관해요.

24

소품 도안 뒷면에 투명 양면테이프를 붙인 다음, 책에다가 정리해요.

따끈따끈한 붕어빵이 있는 인어공주 붕어빵 가게 스퀴시북 완성! 여기저기 캐릭터와 소품들을 붙이며 즐겁게 놀아요.

09 맛있는 음식을 찾으러 가자! 헨젤과 그레텔의 과자집 스퀴시북

만들기 영상

귀여운 다람쥐 남매, 헨젤과 그레텔이 맛있는 음식을 찾아 떠났어요.
그동안 도토리만 지겹도록 먹었거든요. 과연 헨젤과 그레텔은 어떤 음식을 발견하게 될까요?

달콤한 과자집에 비밀이 있다고?!

만들기 재료

도안지 | 손코팅지 | 투명테이프 | 투명 양면테이프 | 박스테이프 | 벨크로(찍찍이) | 양면테이프 | 딱풀 | 칼 | 가위 | 솜

재미있게 만들어요!

01

도안에 나와 있는 기호를 참고하여 코팅해요.

 헷갈린다면 9쪽의 만들기 기호 설명을 다시 읽어 보세요.

02

코팅한 도안을 예쁘게 오려요.

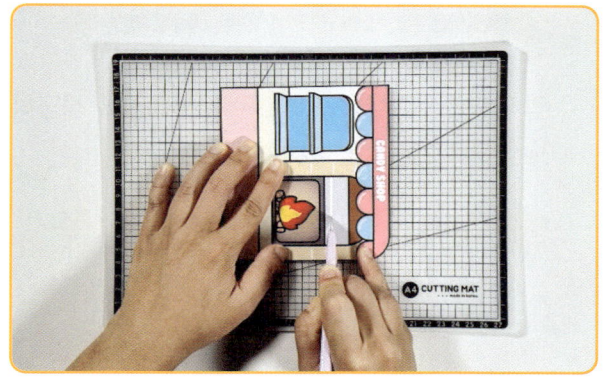

03

뒷면에 4가 적힌 도안에 화덕 오븐이 있어요. 오븐 판을 넣었다, 뺄 수 있도록 사진처럼 오븐의 하얀 가로선을 칼로 오려요.

 칼은 위험하니까 어른의 도움을 받아요!

04

앞서 만든 구멍 사이로 오븐 판을 넣어요. 이때 오븐 판은 뒤에서 앞으로 넣어야 해요.

05

뒷면에 가 적힌 도안과 책 띠지를 준비해요. 띠지의 작은 점을 도안에 맞추고, 투명테이프로 도안과 띠지를 연결해요.

💡 띠지의 안쪽과 바깥쪽 모두 테이프로 붙여야 튼튼해요.

06

뒷면에 1과 1+, 4와 4+가 적힌 도안을 준비해요. 같은 숫자끼리 마주 보게 겹치고, 테두리를 투명테이프로 붙여요. 이때 솜을 넣을 구멍은 남겨야 해요.

💡 테이프에 가위집을 내면 곡선 부분도 깔끔하게 붙일 수 있어요.

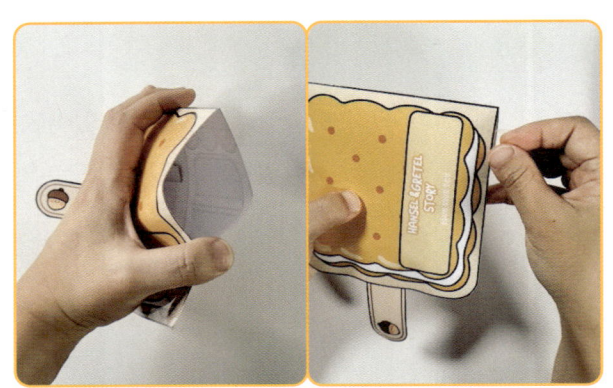

07

앞서 만든 1, 4 도안의 구멍 안에 솜을 적당히 넣고, 투명테이프로 구멍을 막아요.

💡 코팅하고 남은 비닐이나 휴지를 넣어도 좋아요.

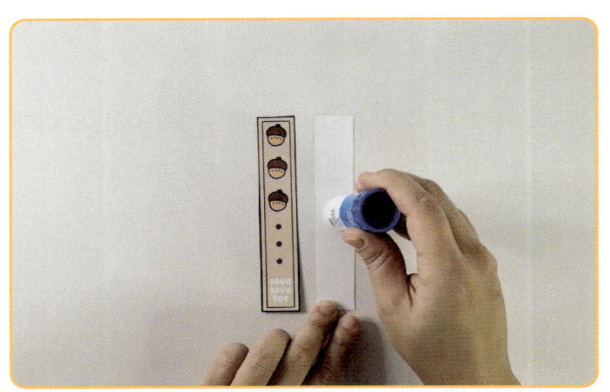

08

책등 뒷면이 서로 마주 보도록 풀로 붙여요.

09

책등을 책 앞표지와 뒤표지 가운데에 놓고, 안쪽과 바깥쪽에 투명테이프를 붙여 고정해요.

💡 책등과 표지 사이 간격을 살짝 띄어서 붙이면 책이 잘 접혀요.

10

뒷면에 2 와 2+ , 3 과 3+ 가 적힌 도안을 준비해요. 뒷면에 풀을 바르고, 같은 숫자끼리 마주 보게 붙여요.

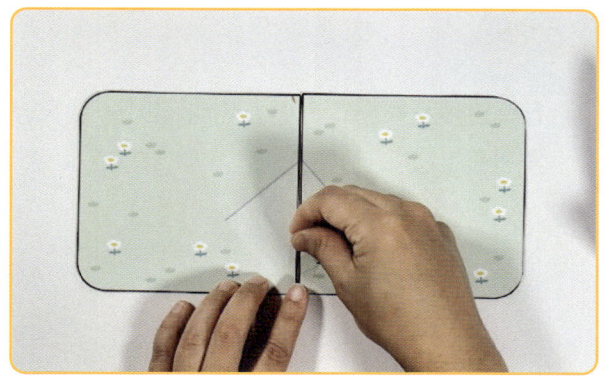

11

앞서 붙인 2 , 3 도안을 사진처럼 나란히 놓고, 가운데를 투명테이프로 연결해요.

💡 두 도안 사이에 살짝 틈이 있게 붙이면 책이 잘 접혀요.

12

책등 안쪽에 선이 있어요. 이 선에 맞춰서 앞서 연결한 도안을 투명테이프로 붙여요.

💡 도안의 앞쪽과 뒤쪽 모두 테이프로 붙여야 튼튼해요.

13

책을 꼭 닫을 수 있도록 띠지 안쪽에 벨크로를 붙여요.

 벨크로가 없으면 투명 양면테이프를 붙여도 좋아요.

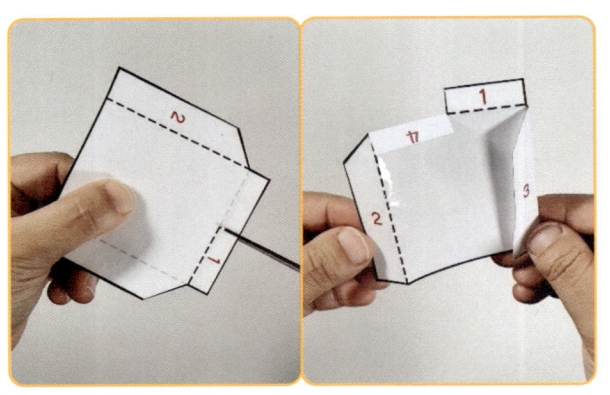

14

- - - - 선이 보이게 밖으로 접어요.
- - - - 선이 안 보이게 안으로 접어요.

사진 속 흰색 도안을 준비하고, 사진처럼 해당 부분만 가위로 잘라요. 그리고 점선을 따라 접어요.

 14번~20번 설명은 영상을 보며 천천히 따라 해 보세요.

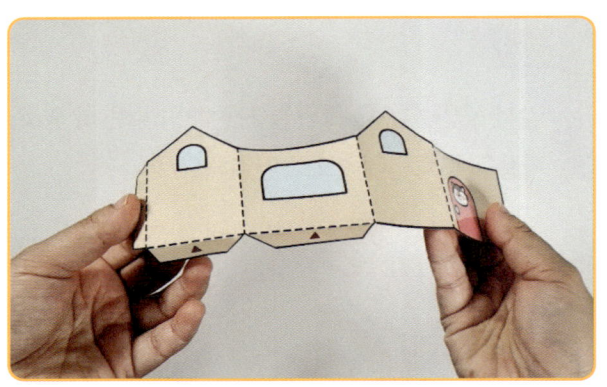

15

집 도안을 준비하고, 점선을 따라 접어서 집 모양을 만들어요.

16

앞서 접었던 흰색 도안과 집 도안에 숫자 '2'와 '3' 표시가 있어요. 양면테이프로 같은 숫자끼리 맞붙여 두 도안을 결합해요.

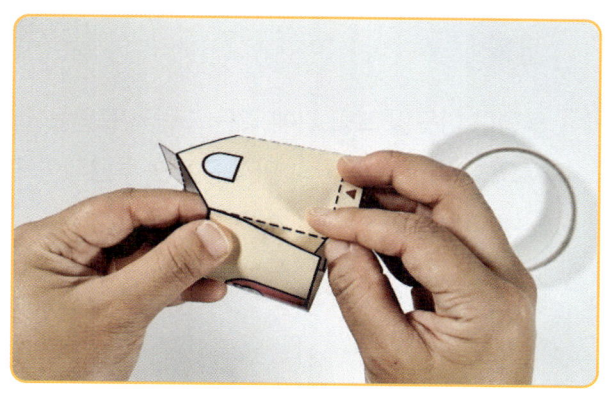

17

집 도안 끝부분에 표시가 있어요. 양면테이프로 같은 모양끼리 맞붙여 집 모양을 완성해요.

18

지붕 도안을 사진처럼 놓고, 투명테이프로 가운데를 연결해요.

💡 지붕의 안쪽과 바깥쪽 모두 테이프로 붙여야 튼튼해요.

19

흰 도안 윗부분에 숫자 '1'과 '4'가 있어요. 해당 부분에 양면테이프를 붙이고, 그 위에 지붕을 고정시켜요. 그다음 도안 모양이 잘 잡히도록 꾹꾹 눌러요.

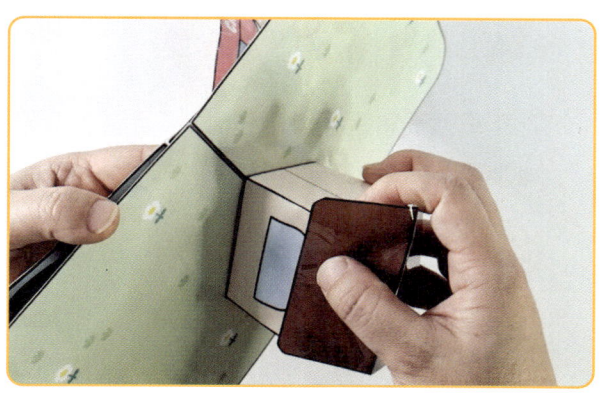

20

집 도안 밑부분에 표시가 있어요. 해당 부분에 양면테이프를 붙이고, 잔디밭에 있는 굵은 선에 맞춰 붙여요. 이때 늑대가 그려진 문이 책 아래 방향으로 와야 해요.

💡 집이 잘 접히고 펼쳐지도록 책을 덮어 한 번 더 꾹꾹 눌러요.

21

투명한 나뭇잎 그림 위에 같은 그림의 도안을 겹쳐요. 그리고 나뭇잎의 아래쪽에만 투명테이프를 붙여요.

 나뭇잎 안으로 캐릭터가 쏙 들어가요.

22

도토리집 문을 열었다, 닫았다 할 수 있도록 문의 왼쪽 윗부분만 투명테이프로 붙여요.

 문의 안쪽과 바깥쪽 모두 테이프로 붙여야 튼튼해요.

23

소품 도안 뒷면에 투명 양면테이프를 붙인 다음, 책에다가 정리해요.

24

과자 도안 뒷면에 투명 양면테이프를 붙인 다음, 책에다가 정리해요.

 과자를 집에다가 붙여서 나만의 멋있는 과자집을 만들어도 좋아요.

계산대 도안 뒷면에 양면테이프를 붙이고, 투명 그림 위에 고정시켜요.

 계산대 뒤로 캐릭터가 쏙 들어가요.

화로 문을 열었다, 닫았다 할 수 있도록 문 오른쪽에만 투명테이프를 붙여요. 그리고 소품 도안 뒷면에 투명 양면테이프를 붙인 다음, 책에다가 정리해요.

 문의 안쪽과 바깥쪽 모두 테이프로 붙여야 튼튼해요.

뒤표지의 투명한 주머니 그림 위에 같은 그림의 도안을 겹쳐요. 그리고 주머니의 왼쪽과 오른쪽, 아래쪽에만 투명테이프를 붙여요.

 캐릭터 뒷면에 투명 양면테이프를 붙이고, 주머니 안에 쏙 넣어 보관해요.

쿠키와 사탕이 가득한 헨젤과 그레텔의 과자집 종이놀이북 완성! 여기저기 캐릭터와 소품을 붙이며 즐겁게 놀아요.

10 시골쥐, 서울에 올라오다!
시골쥐 서울쥐 햄버거 가게 스퀴시북

래퍼가 되기 위해 서울로 상경한 시골쥐는 햄버거 가게에서 아르바이트를 시작했어요!
시골쥐는 서울에 잘 적응하고, 래퍼가 될 수 있을까요?

만들기 재료

도안지 / 손코팅지 / 투명테이프 / 투명 양면테이프 / 박스테이프 / 벨크로(찍찍이) / 양면테이프 / 딱풀 / 가위 / 솜

재미있게 만들어요!

01

도안에 나와 있는 기호를 참고하여 코팅해요.

 헷갈린다면 9쪽의 만들기 기호 설명을 다시 읽어 보세요.

02

코팅한 도안을 예쁘게 오려요.

03

뒷면에 **4+**가 적힌 도안과 책 띠지를 준비해요. 띠지의 작은 점을 도안에 맞추고, 투명테이프로 도안과 띠지를 연결해요.

 띠지의 안쪽과 바깥쪽 모두 테이프로 붙여야 튼튼해요.

04

뒷면에 숫자가 적힌 도안을 모두 준비해요. 같은 숫자끼리 마주 보게 겹치고, 테두리를 투명테이프로 붙여요. 이때 솜을 넣을 구멍은 남겨야 해요.

 테이프에 가위집을 내면 곡선 부분도 깔끔하게 붙일 수 있어요.

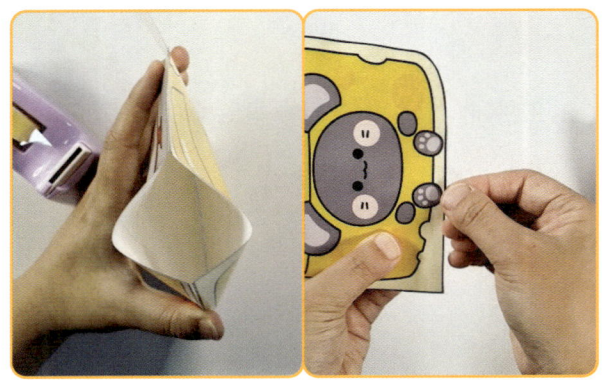

05

구멍 안에 솜을 적당히 넣고, 투명테이프로 구멍을 막아요.

 코팅하고 남은 비닐이나 휴지를 넣어도 좋아요.

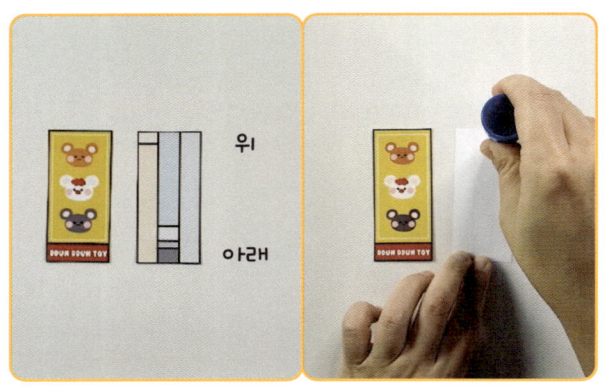

06

책등의 위아래 모양을 잘 확인하고, 책등 뒷면이 서로 마주 보도록 풀로 붙여요.

07

책등을 책 앞표지와 뒤표지 가운데에 놓고, 안쪽과 바깥쪽에 투명테이프를 붙여 고정해요.

 책등과 표지 사이 간격을 살짝 띄어서 붙이면 책이 잘 접혀요.

08

책등 안쪽에 선이 있어요. 이 선에 맞춰서 남아있는 2장의 스퀴시를 투명테이프로 붙여요.

 스퀴시의 앞쪽과 뒤쪽 모두 테이프로 붙여야 튼튼해요.

09

책을 꼭 닫을 수 있도록 띠지 안쪽에 벨크로를 붙여요.

 벨크로가 없으면 투명 양면테이프를 붙여도 좋아요.

10

소품 도안 뒷면에 투명 양면테이프를 붙인 다음, 책에다가 정리해요.

11

투명 양면테이프로 감자를 땅 위에 붙여요. 그다음 똑같이 투명 양면테이프로 감자 위에 흙을 붙여서 감자를 숨겨요.

12

옥수수 도안 뒷면에 투명 양면테이프를 붙이고, 옥수수 줄기에다가 정리해요.

13

햄버거 가게 문을 반으로 잘라요. 그리고 문을 열었다, 닫았다 할 수 있도록 문의 왼쪽과 오른쪽에만 투명테이프를 붙여요.

 문의 안쪽과 바깥쪽 모두 테이프로 붙여야 튼튼해요.

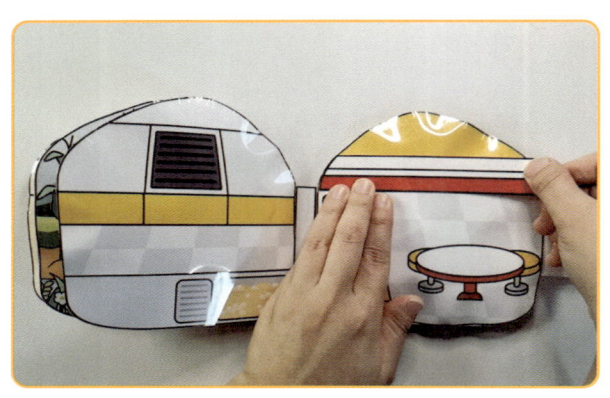

14

조리대와 픽업대 도안 뒷면에 양면테이프를 붙이고, 투명 그림 위에 고정시켜요.

 조리대와 픽업대 뒤로 캐릭터가 쏙 들어가요.

15

테이블 도안 뒷면에 양면테이프를 붙이고, 투명 그림 위에 고정시켜요.

 테이블 뒤로 캐릭터가 쏙 들어가요.

16

소품 도안 뒷면에 투명 양면테이프를 붙인 다음, 책에다가 정리해요.

뒤표지의 투명한 주머니 그림 위에 같은 그림의 도안을 겹쳐요. 그리고 주머니의 왼쪽과 오른쪽, 아래쪽에만 투명테이프를 붙여요.

투명 양면테이프를 이용해 캐릭터 옷을 입혀요.

 캐릭터와 스쿠터 뒷면에 투명 양면테이프를 붙이고, 주머니 안에 쏙 넣어 보관해요.

용감한 시골쥐 서울쥐 햄버거 가게 스퀴시북 완성! 여기저기 캐릭터와 소품들을 붙이며 즐겁게 놀아요.

PART 2
뚠뚠토이 스퀴시북 도안

1 꿀벌 스퀴시북

코팅지 / 앞면

솜 1

솜 4+

❷ 꿀벌 스퀴시북

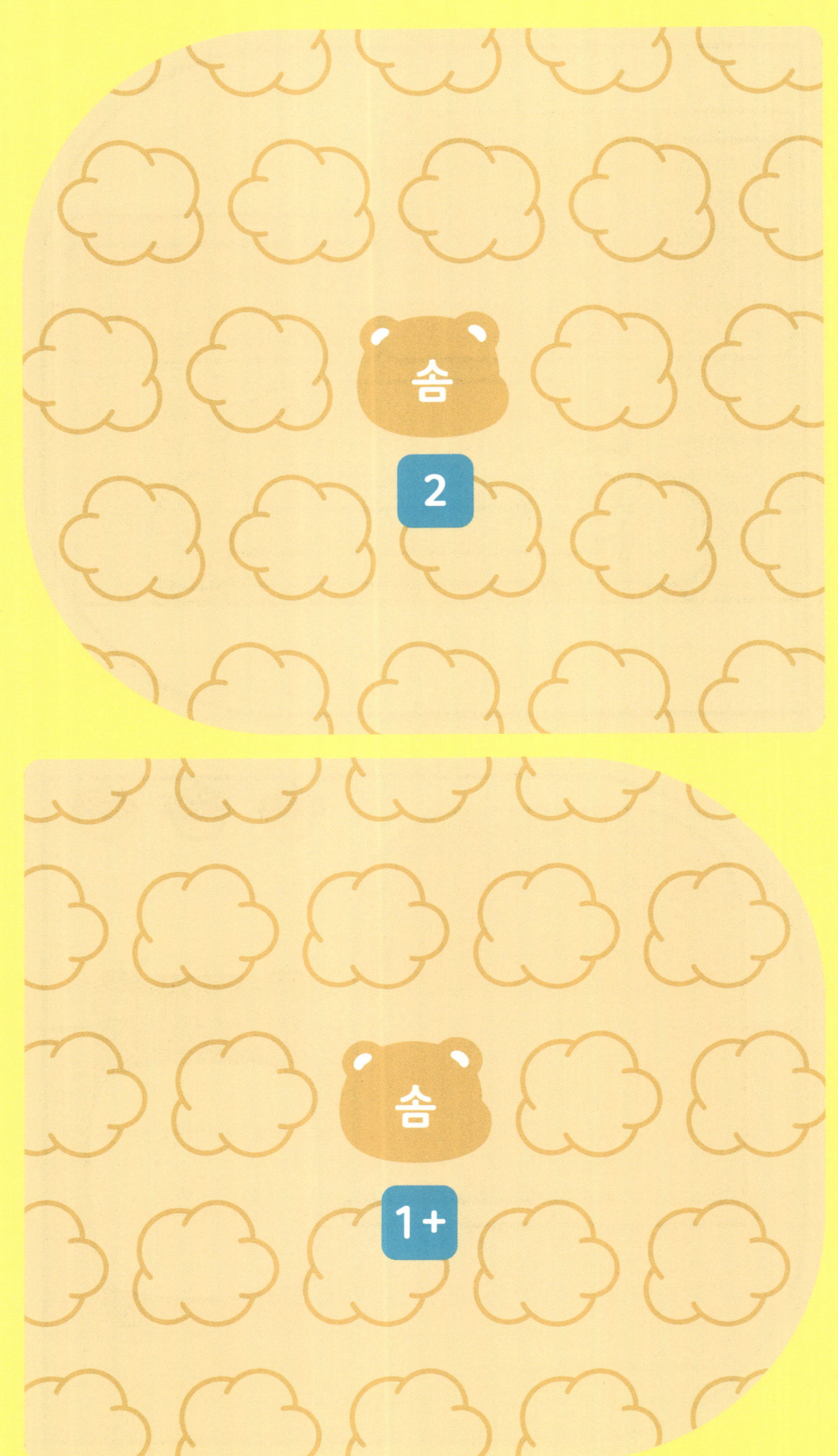

3 꿀벌 스퀴시북

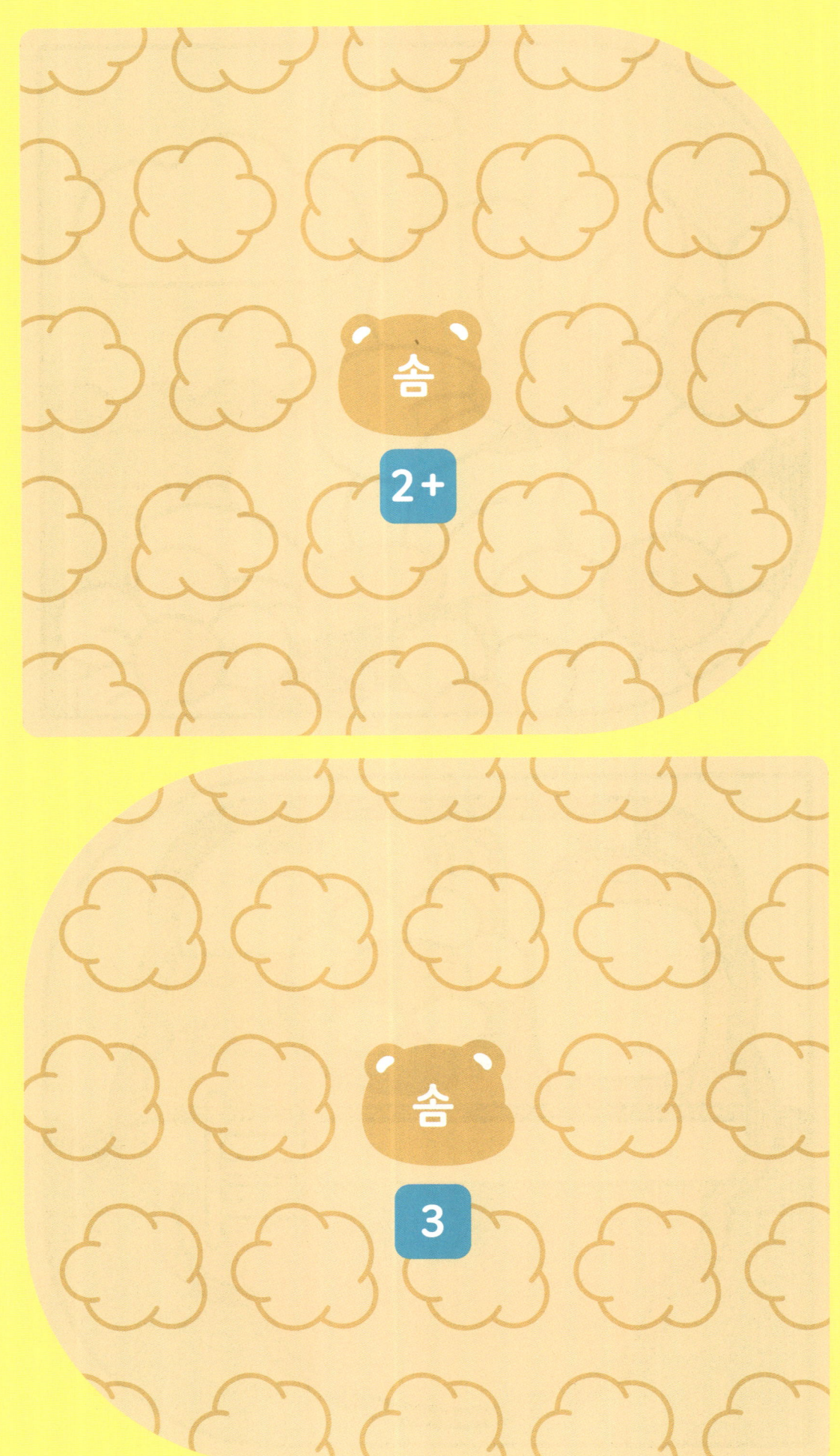

❹ 꿀벌 스퀴시북

코팅지 / 앞면

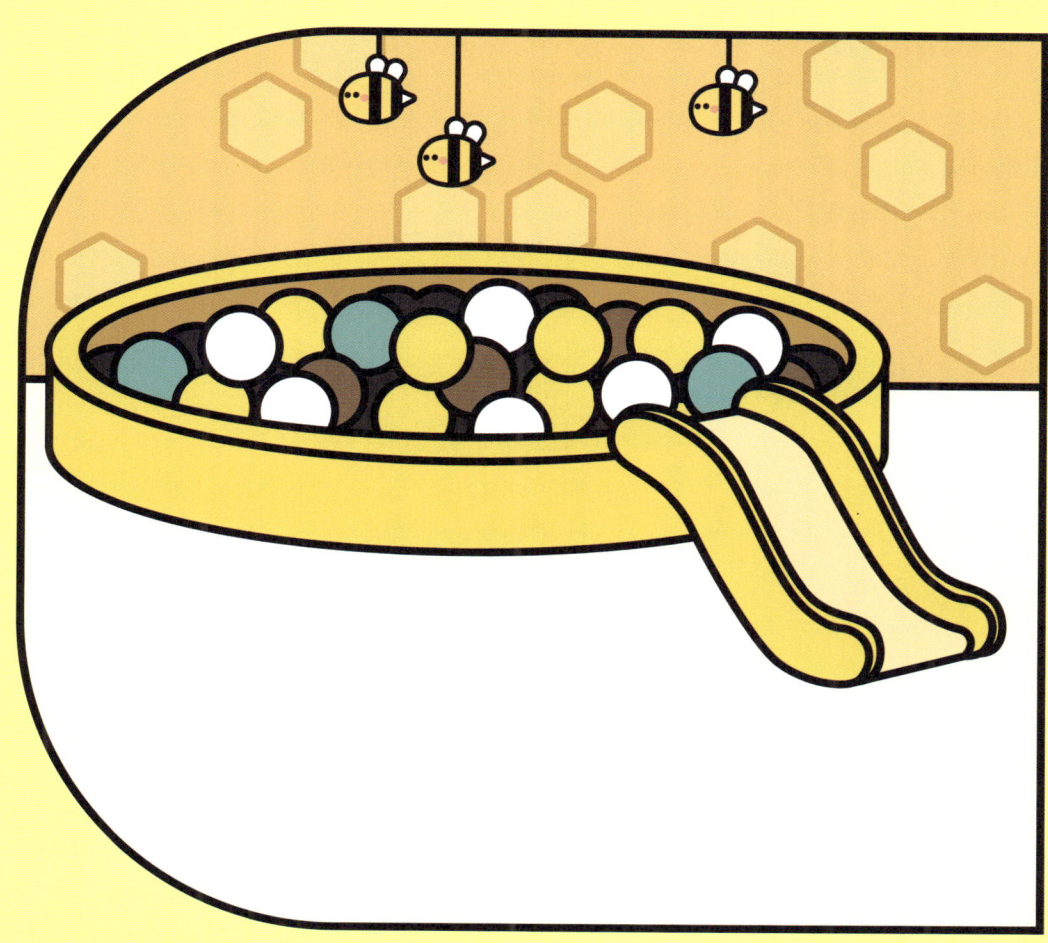
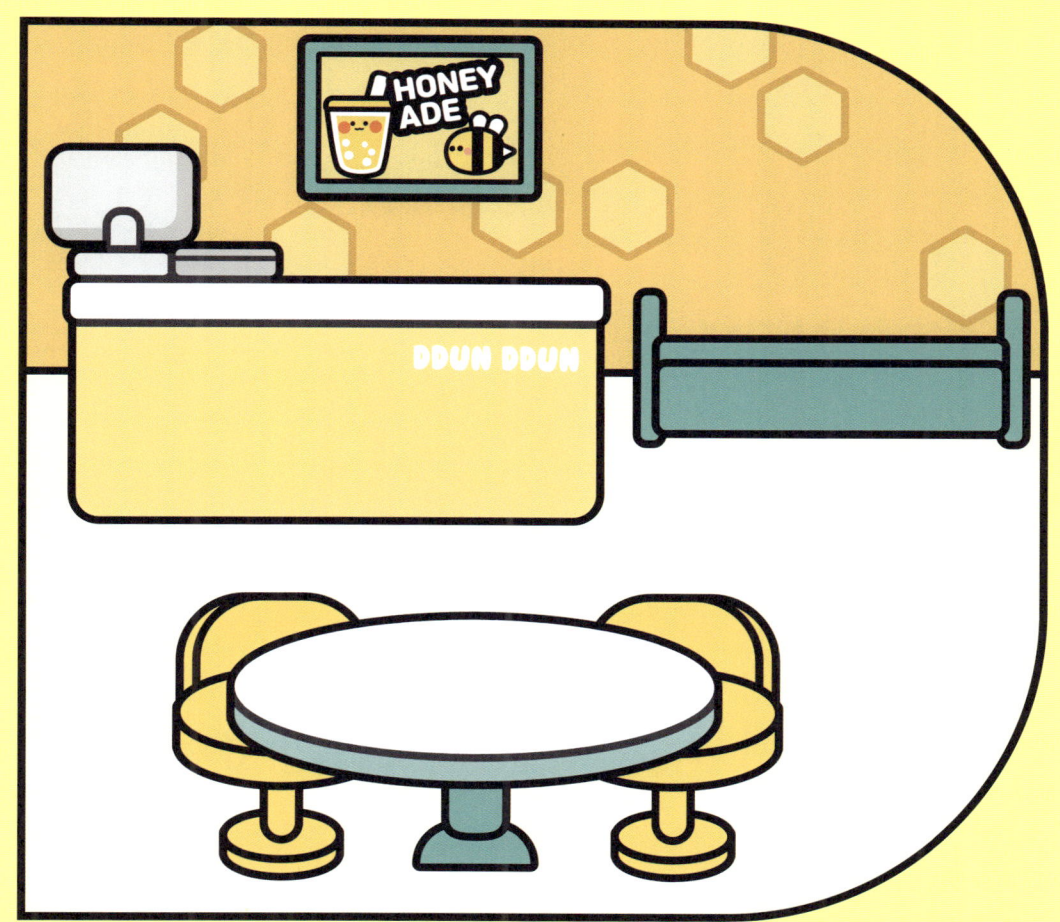

5 꿀벌 스퀴시북

6 꿀벌 스퀴시북

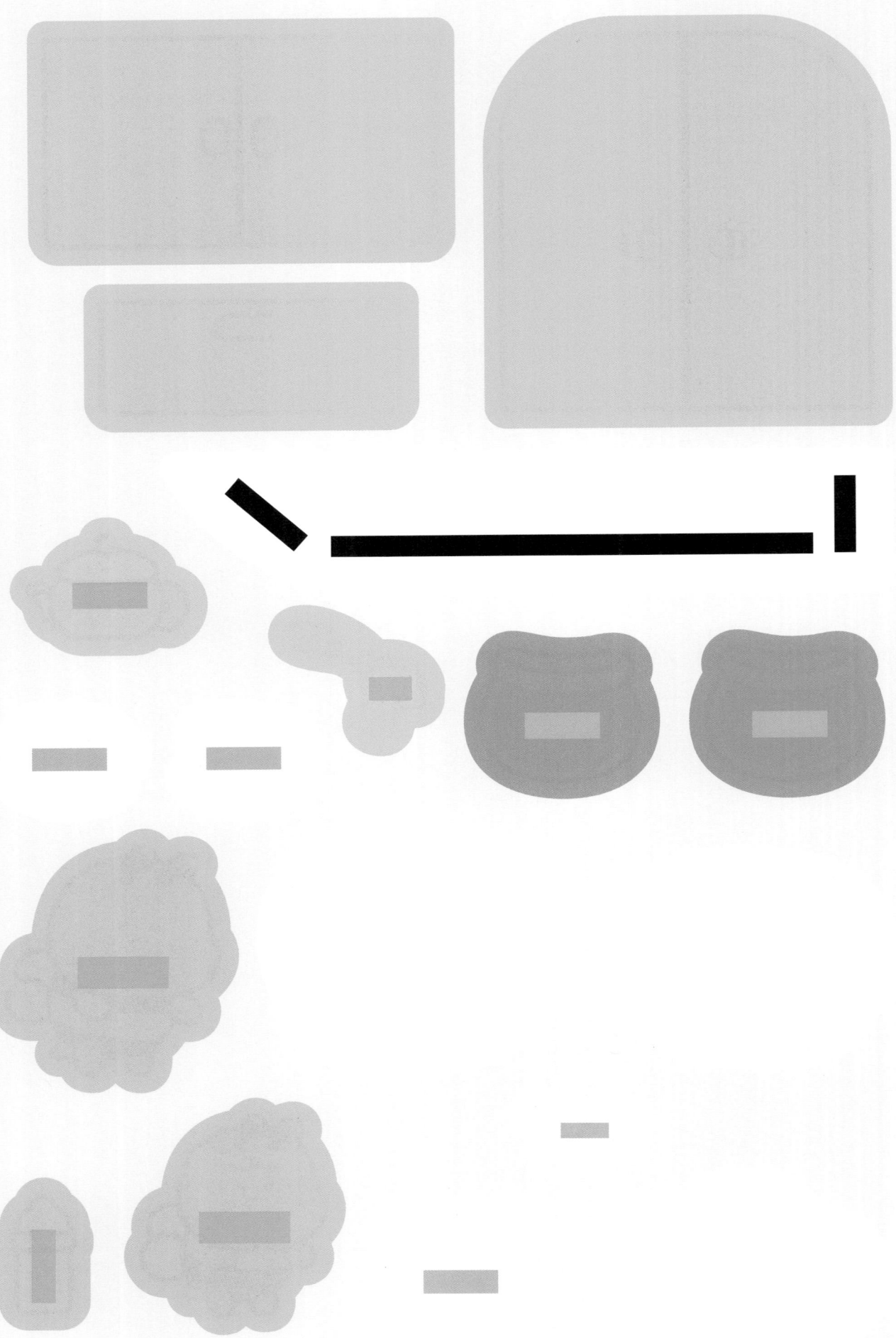

1 달토끼 스퀴시북

코팅지 / 앞면

박스테이프 / 양면

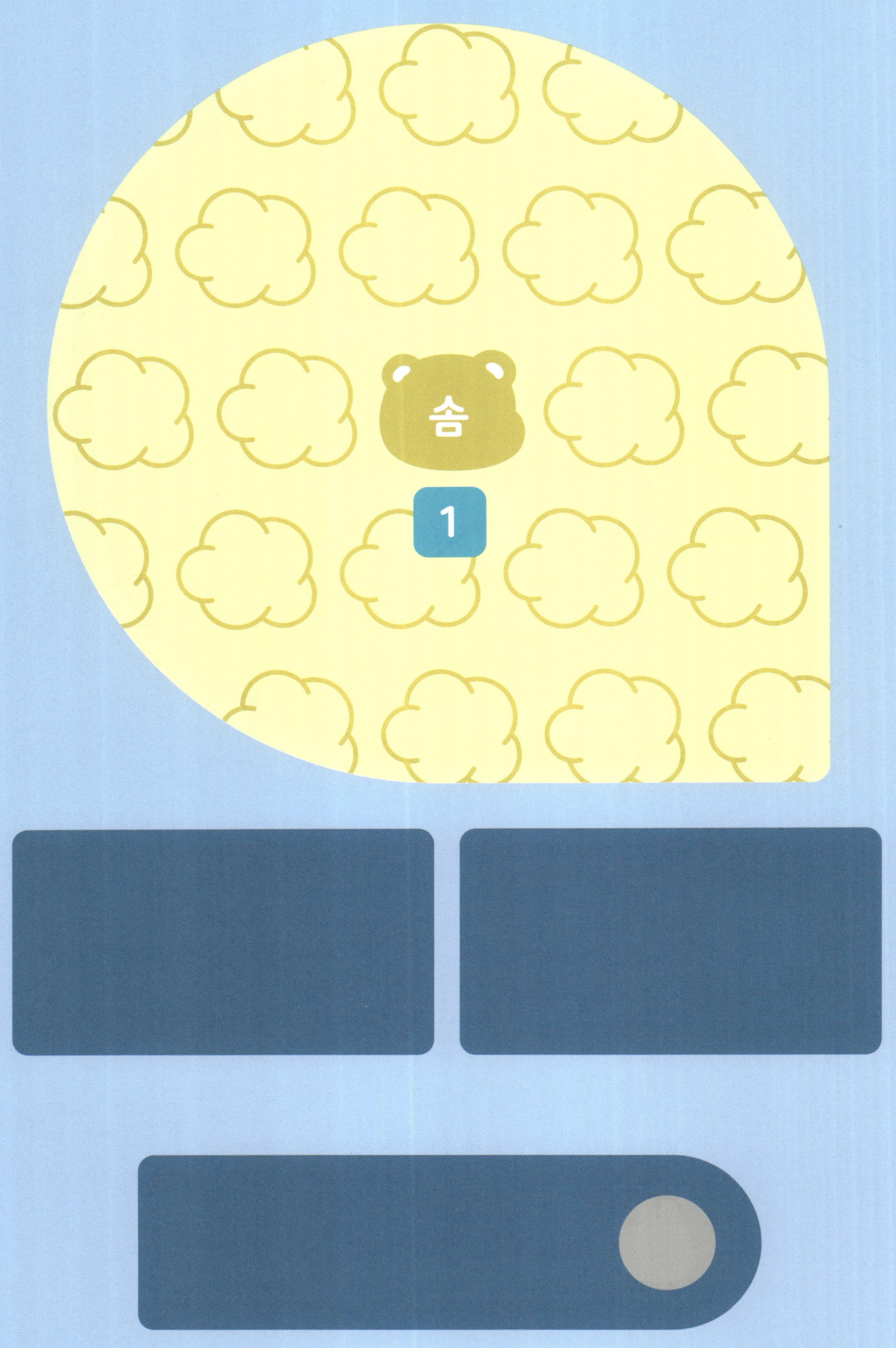

❷ 달토끼 스퀴시북

코팅지 / 앞면

코팅지 / 앞면   박스테이프 / 뒷면

3 달토끼 스퀴시북

코팅지 / 앞면

코팅지 / 앞면　박스테이프 / 뒷면

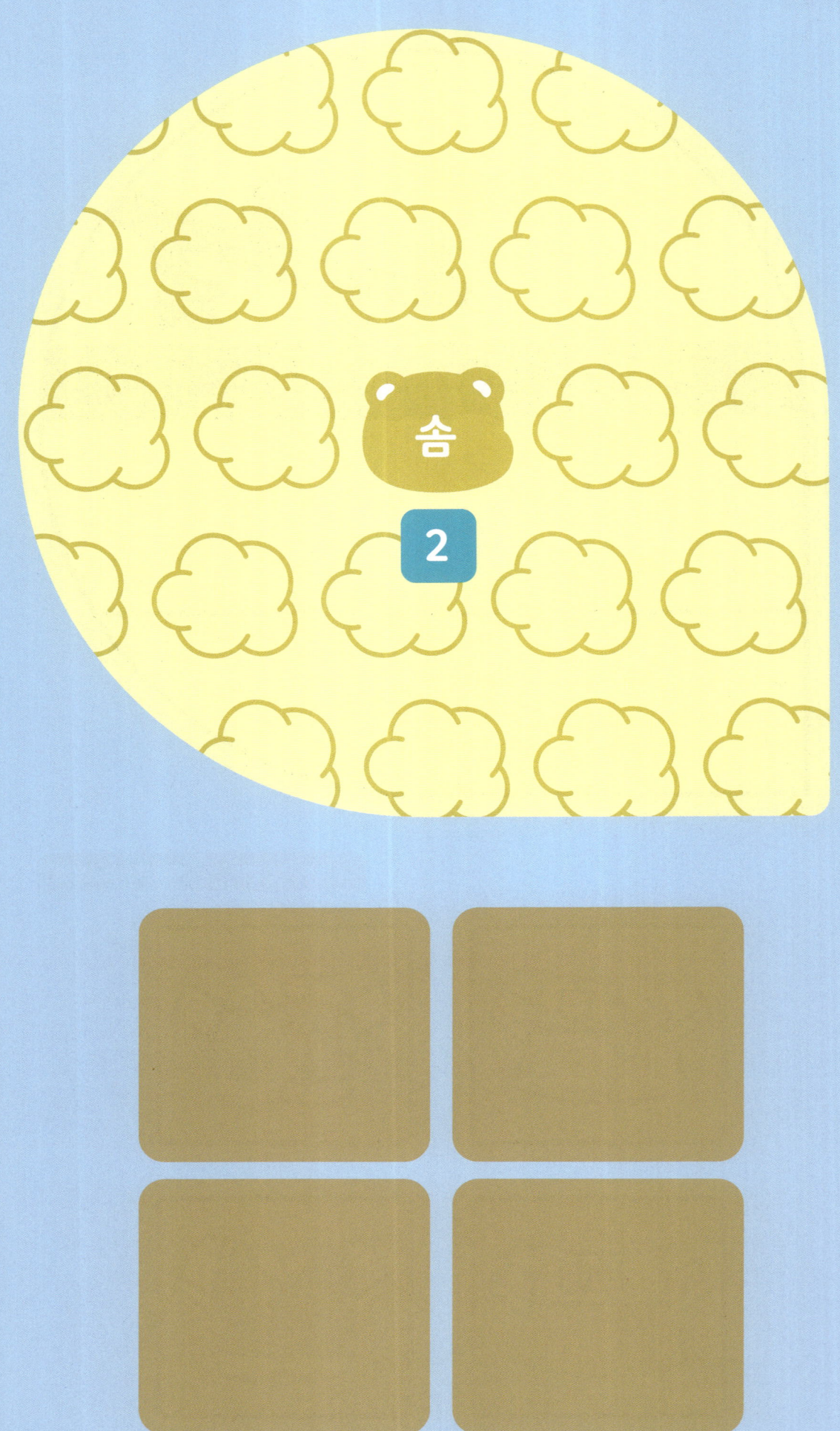

4 달토끼 스퀴시북

5 달토끼 스퀴시북

코팅지 / 앞면

코팅지 / 앞면   박스테이프 / 뒷면

❻ 달토끼 스쿼시북

코팅지 / 앞면

코팅지 / 앞면   박스테이프 / 뒷면

솜

3+

7 달토끼 스퀴시북

코팅지 / 앞면

코팅지 / 앞면 박스테이프 / 뒷면

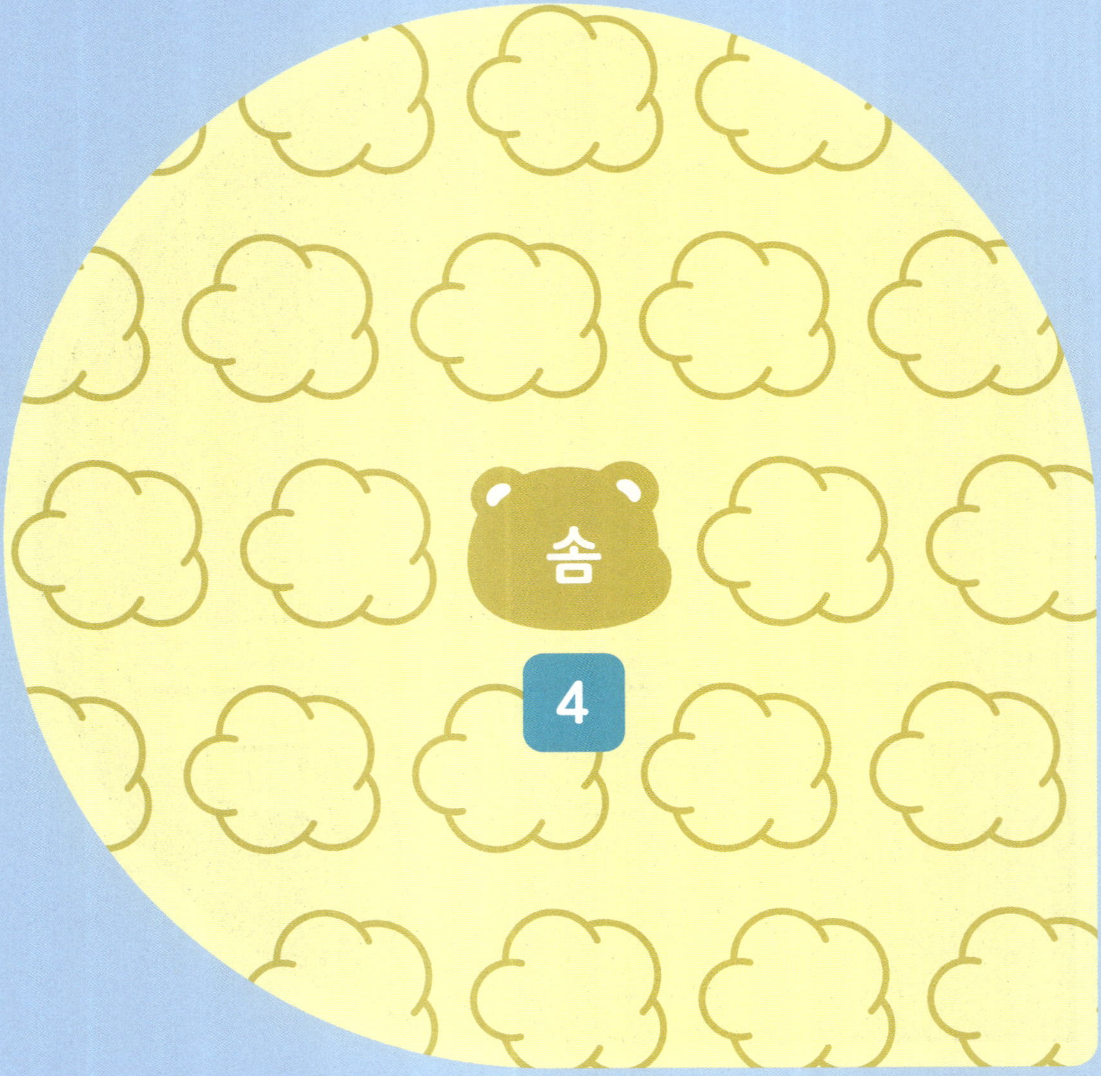

솜
4

8 달토끼 스퀴시북

코팅지 / 앞면

코팅지 / 앞면   박스테이프 / 뒷면

1 당근 운동회 스퀴시북

코팅지 / 앞면

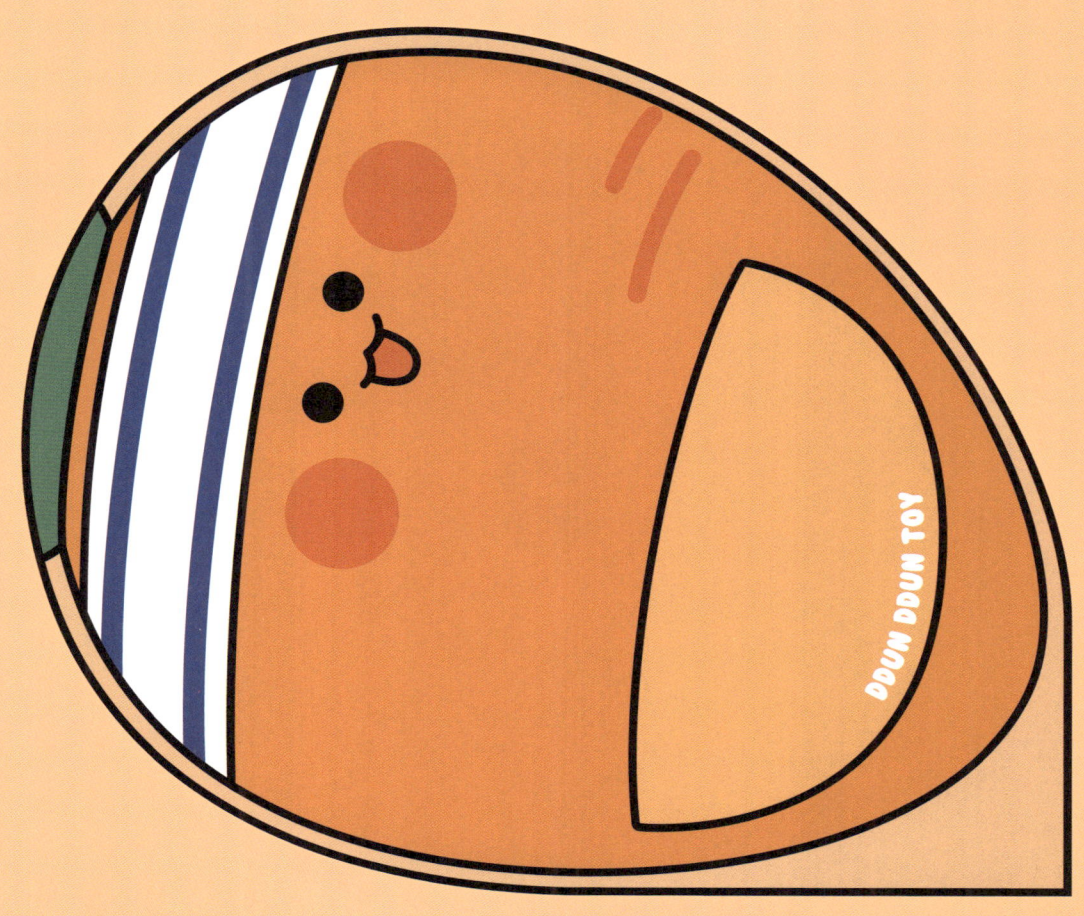
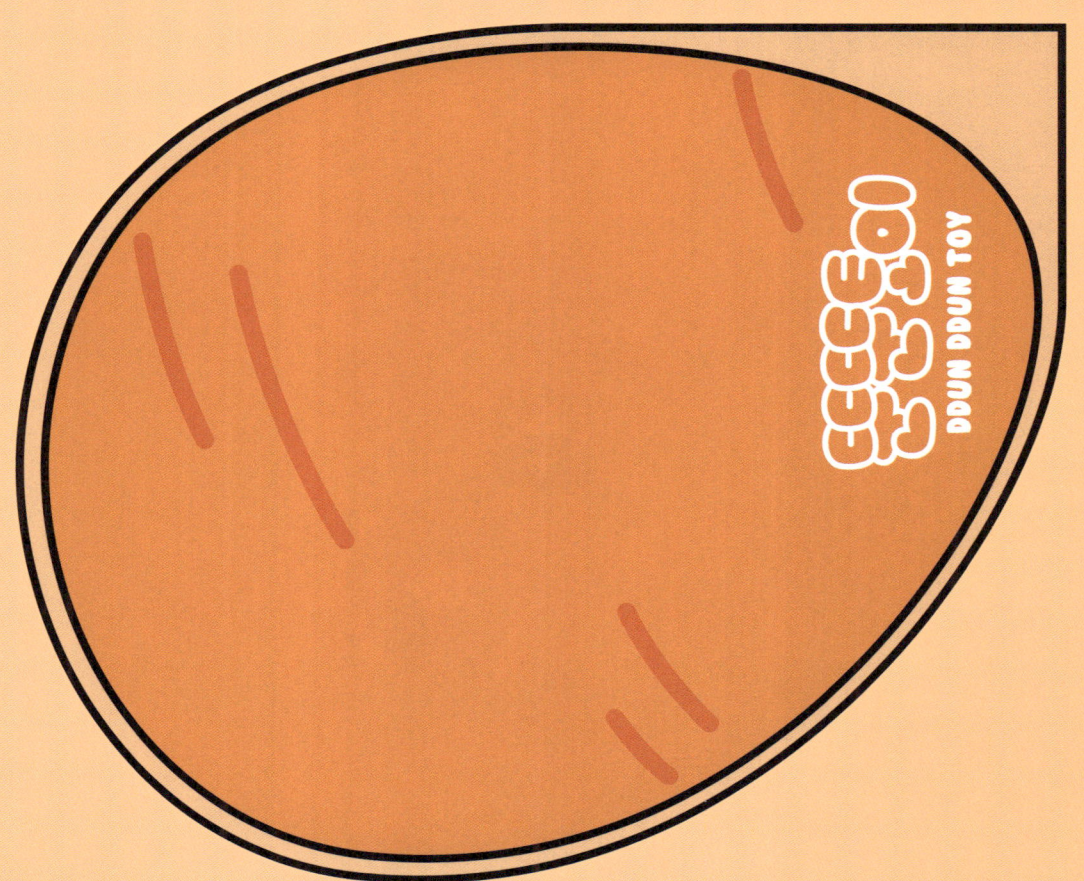

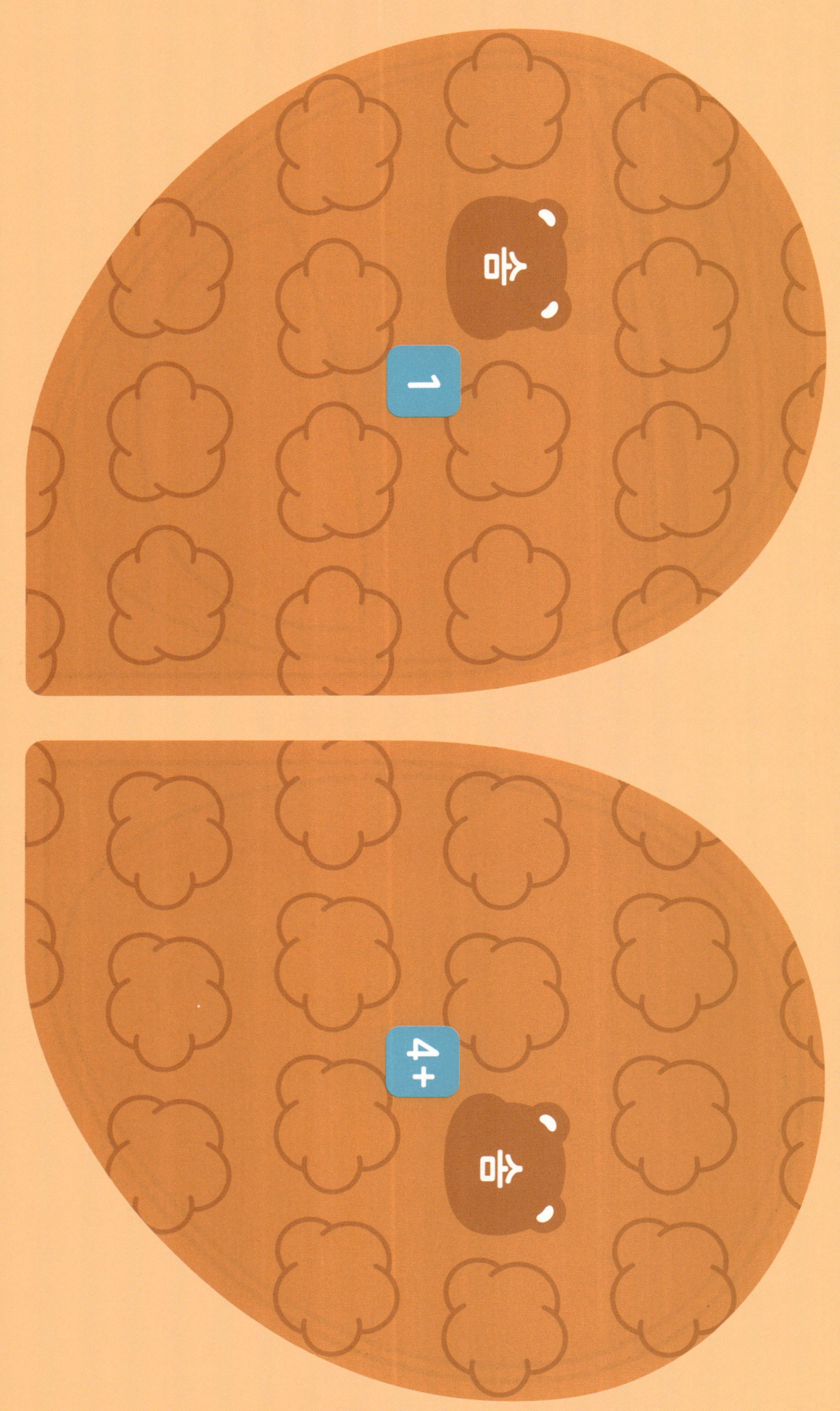

2 당근 운동회 스퀴시북

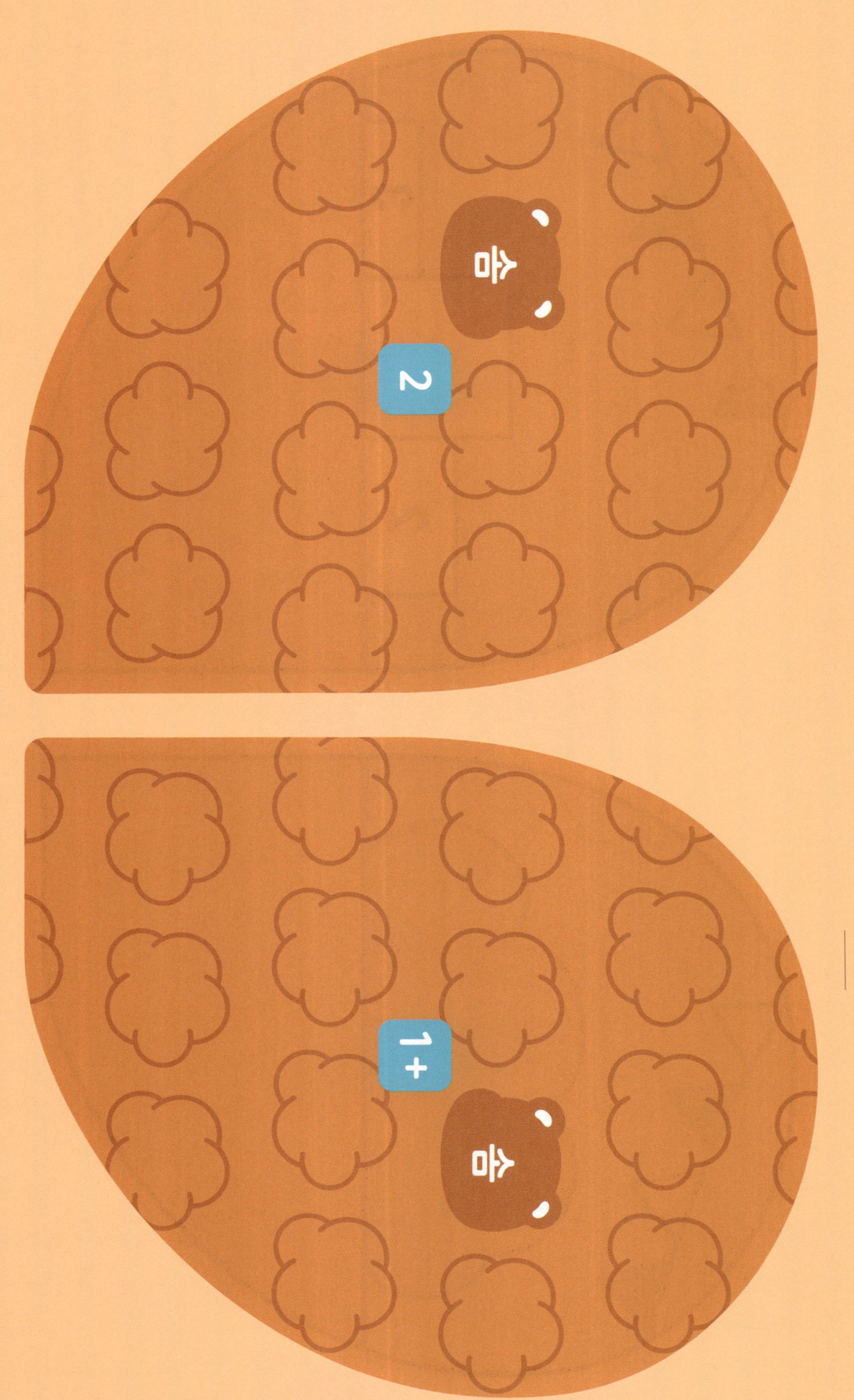

③ 당근 운동회 스퀴시북

코팅지 / 앞면

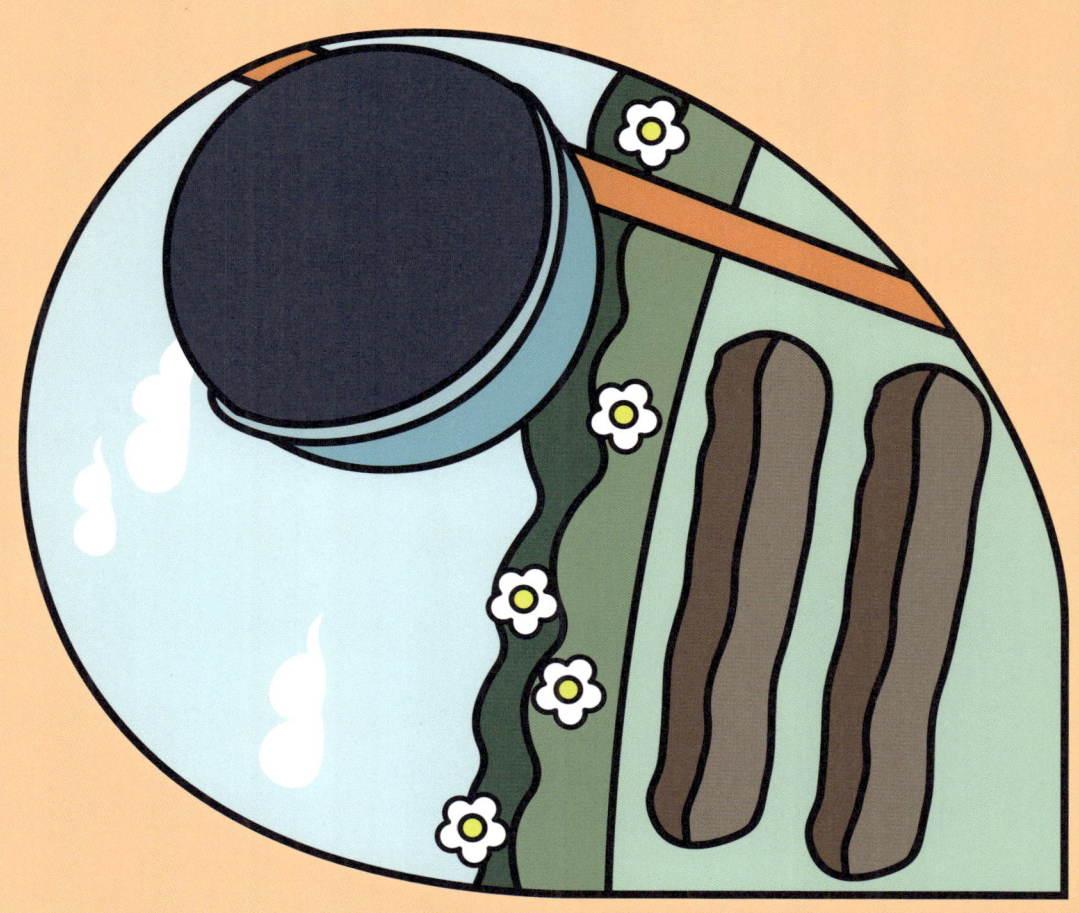
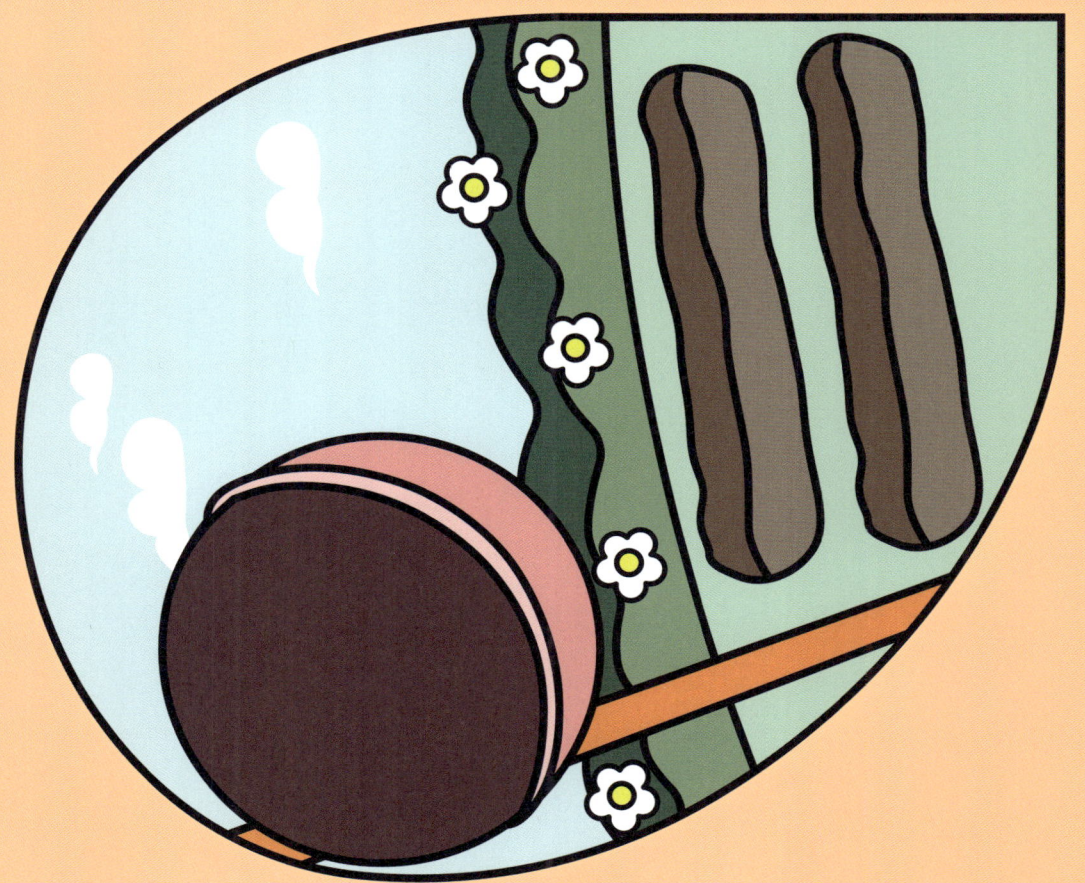

113

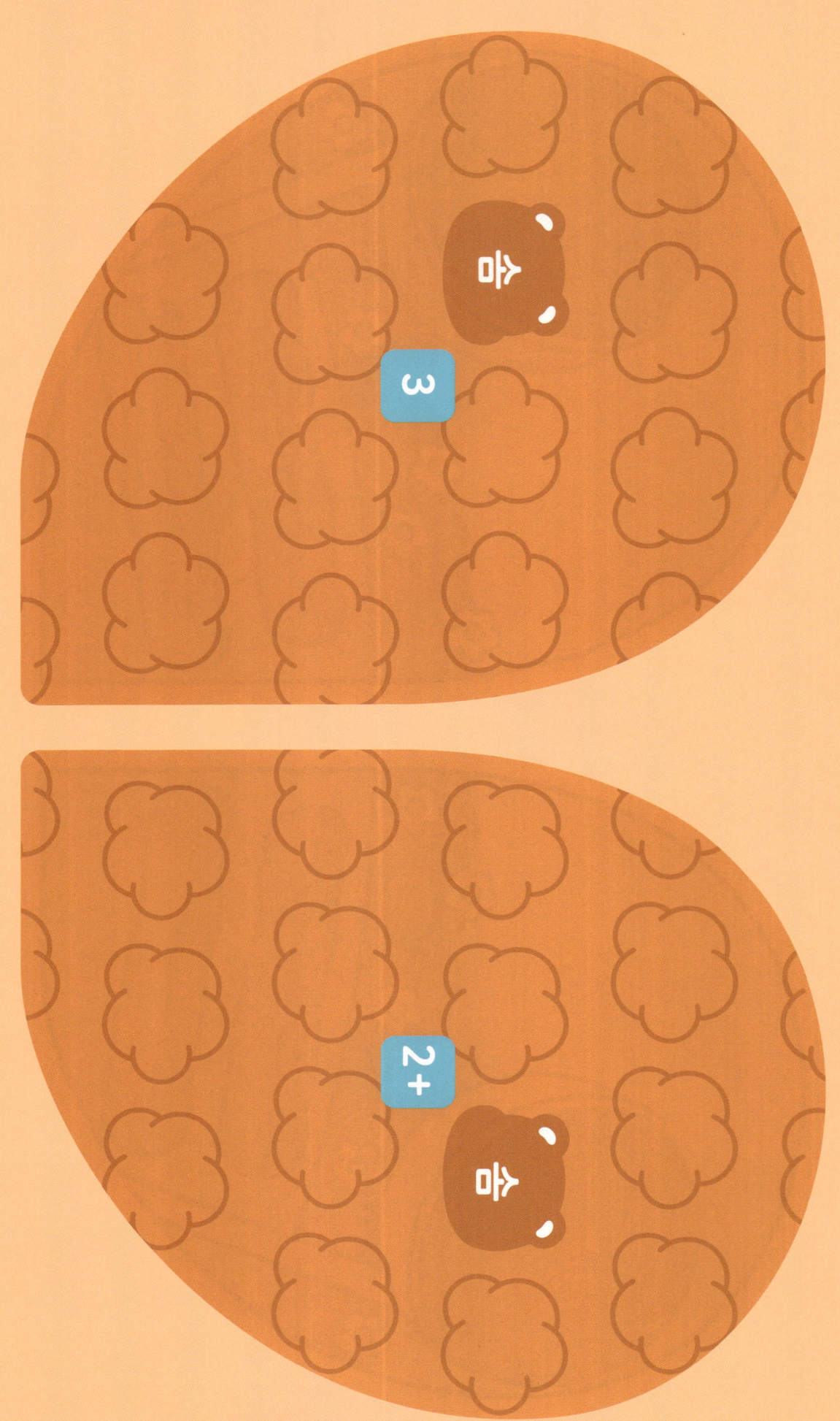

❹ 당근 운동회 스퀴시북

코팅지 / 앞면

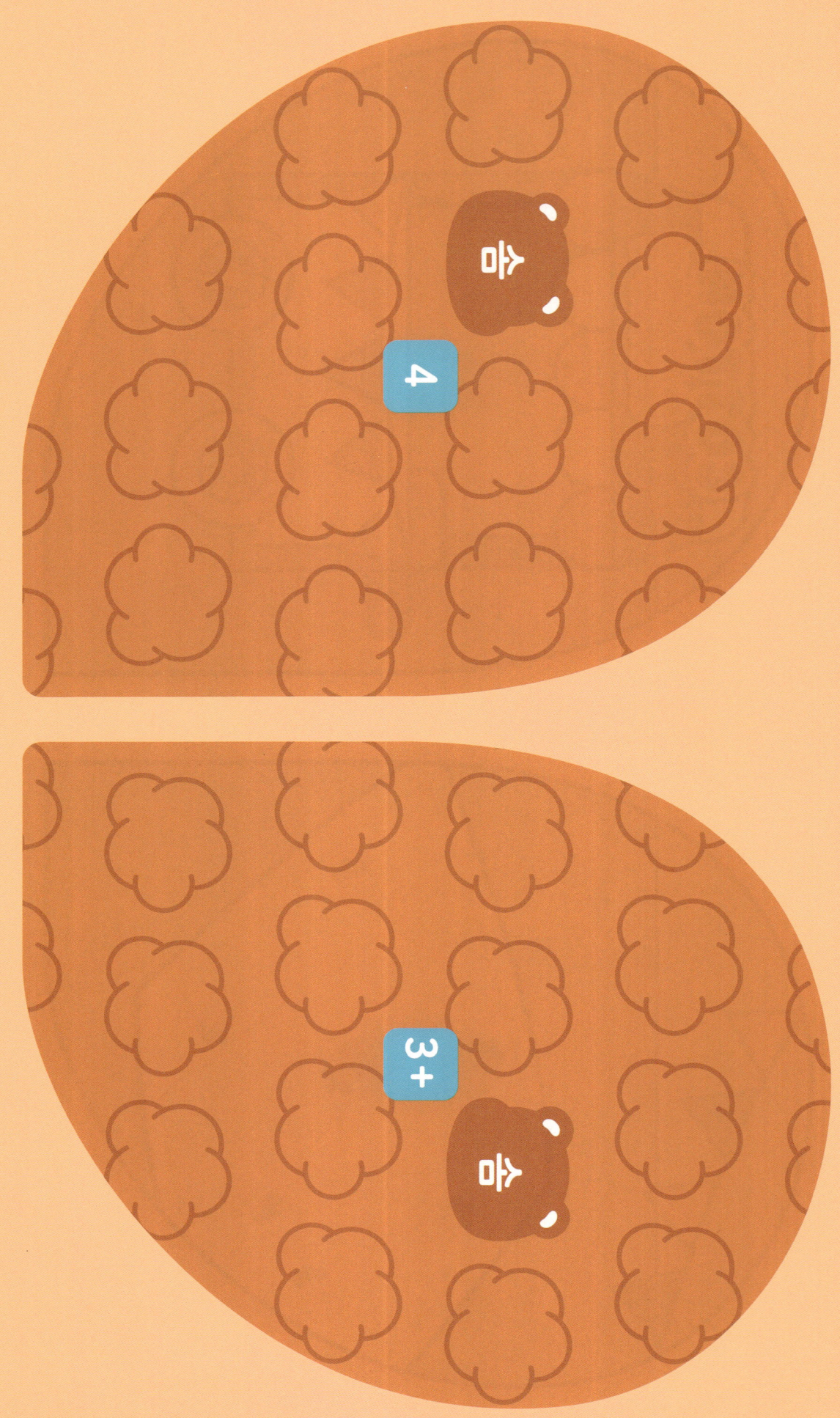

5 당근 운동회 스퀴시북

코팅지 / 앞면　박스테이프 / 뒷면

6 당근 운동회 스퀴시북

코팅지 / 앞면   박스테이프 / 뒷면

7 당근 운동회 스퀴시북

코팅지 / 앞면

박스테이프 / 양면

1 딸기 우유 집 스퀴시북

코팅지 / 앞면

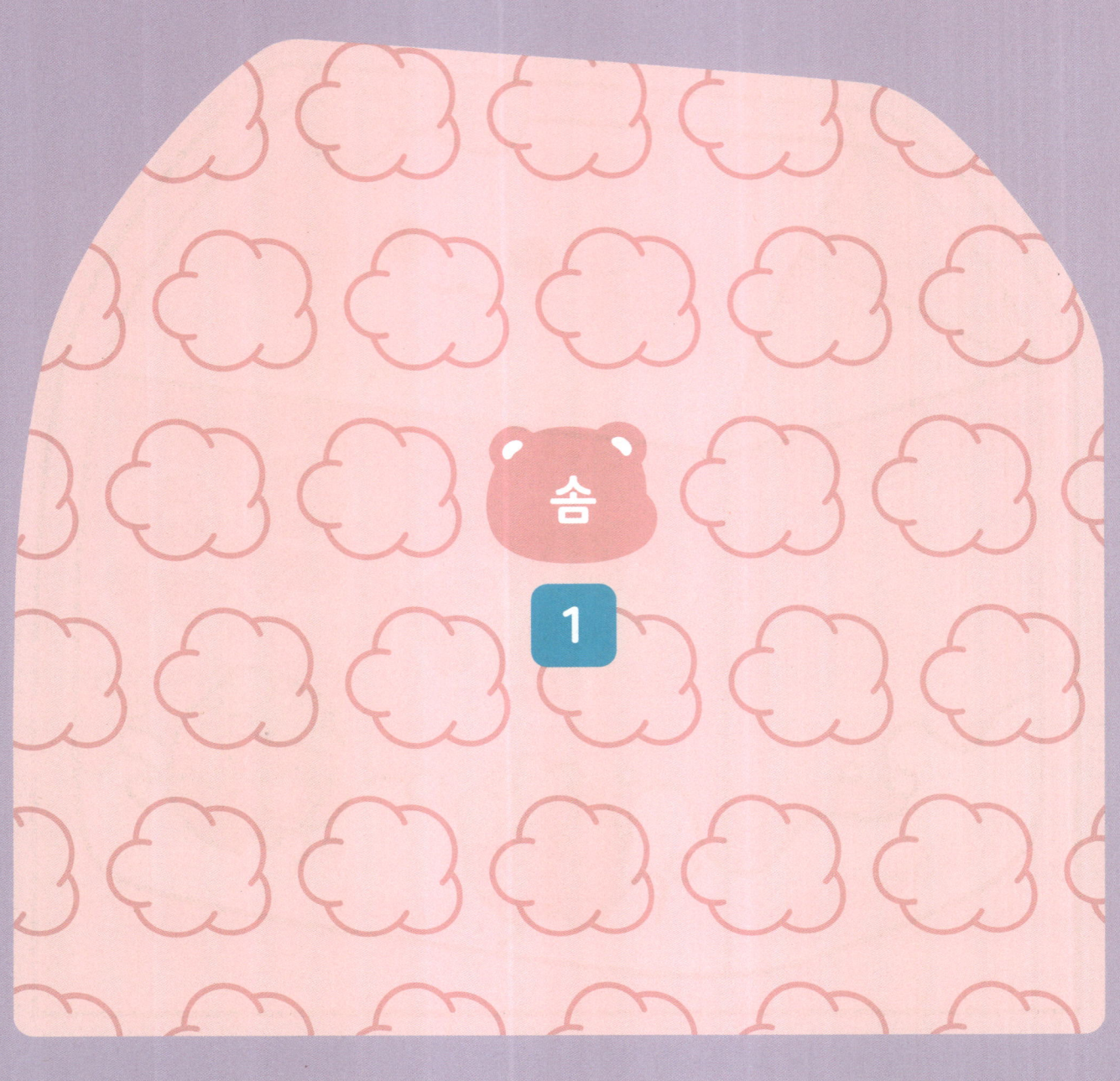

2 딸기 우유 집 스퀴시북

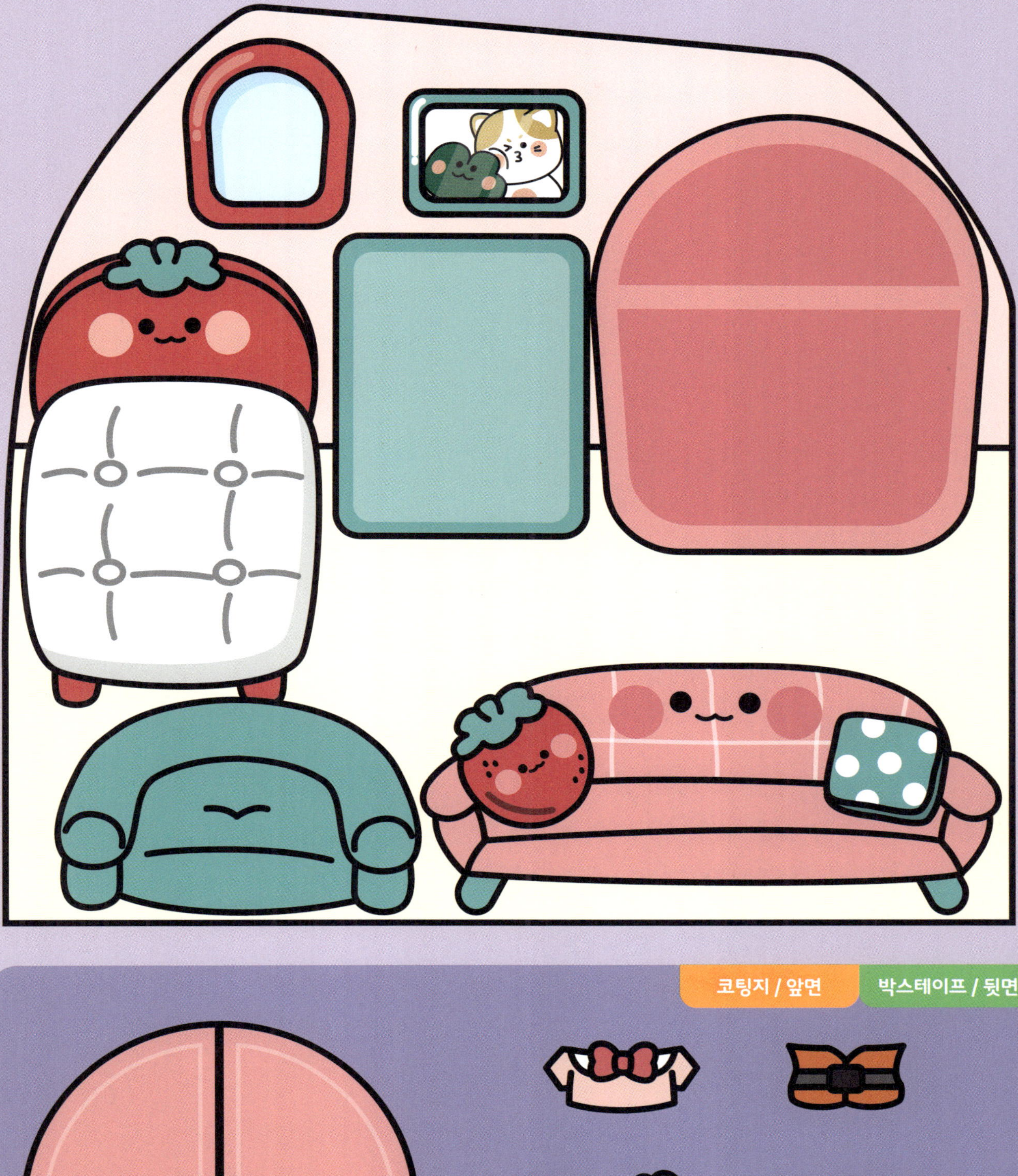

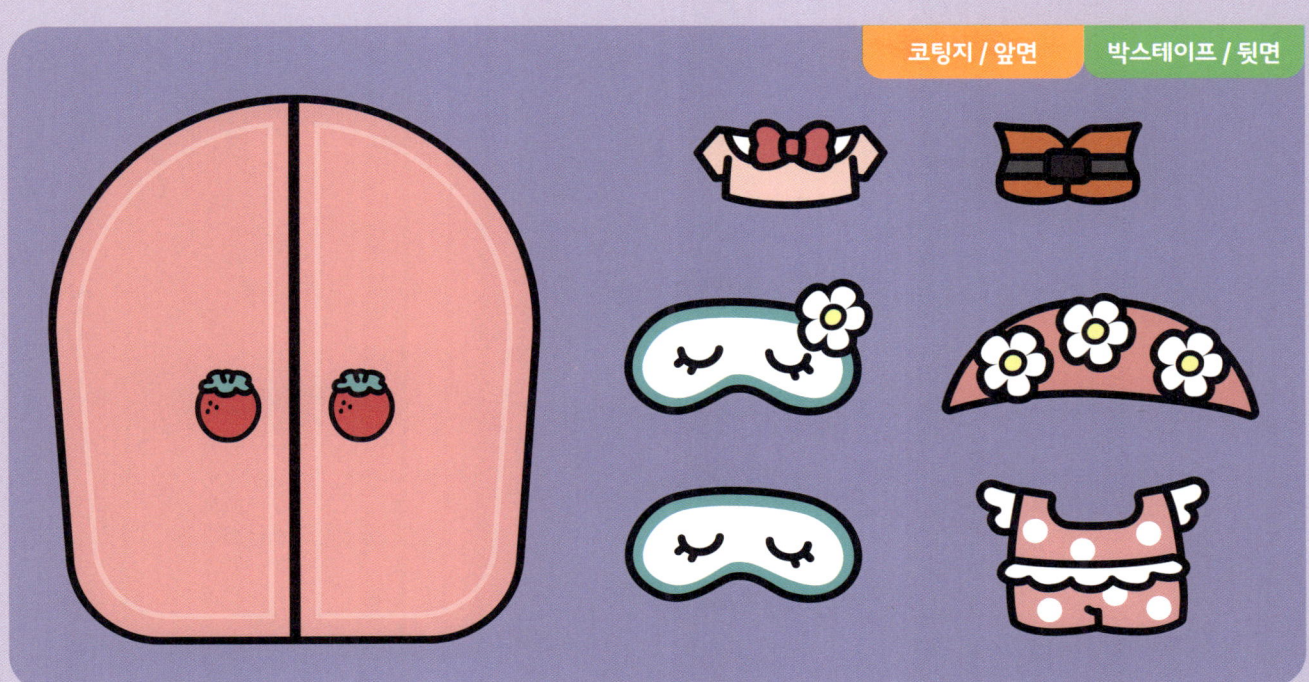

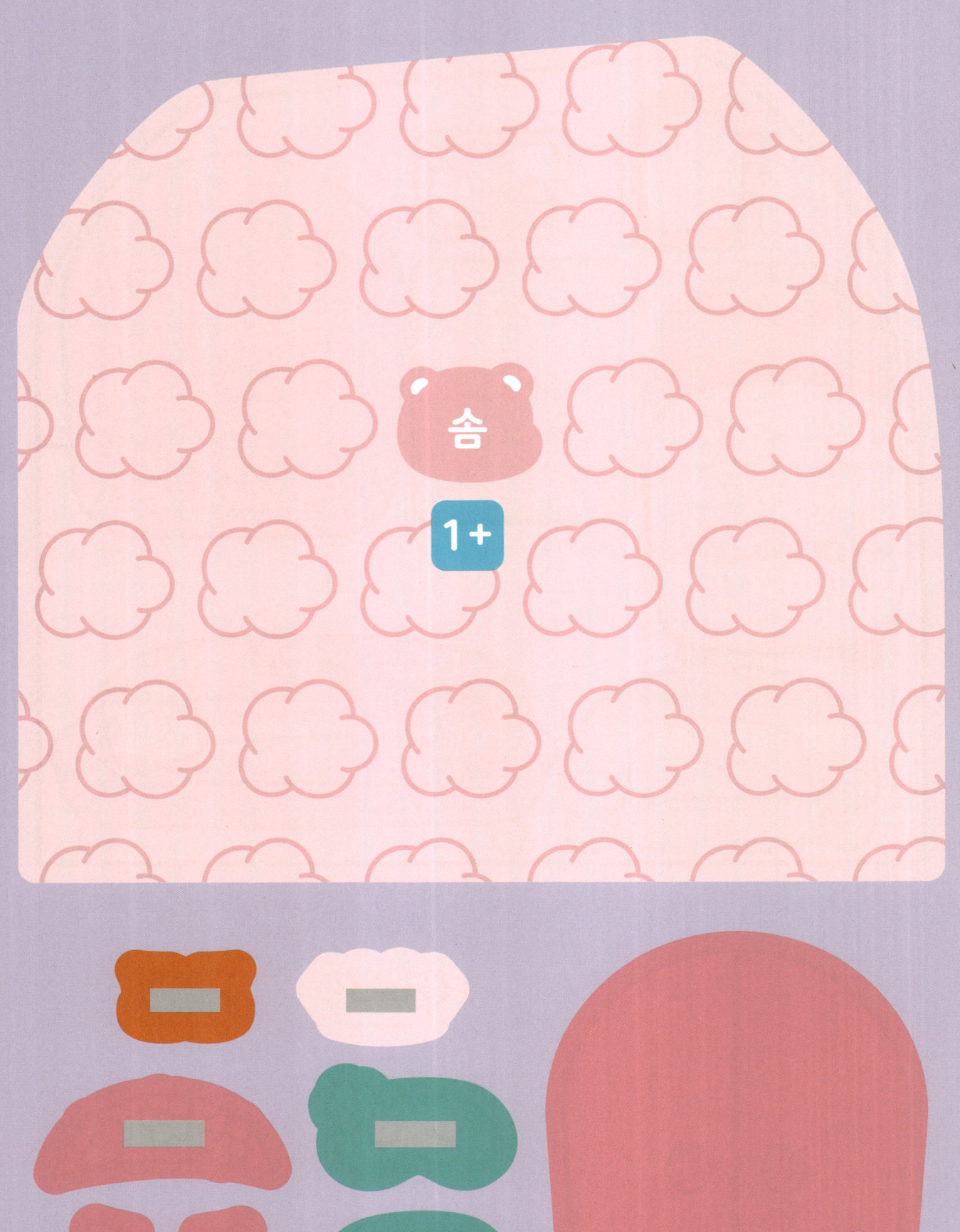

3 딸기 우유 집 스퀴시북

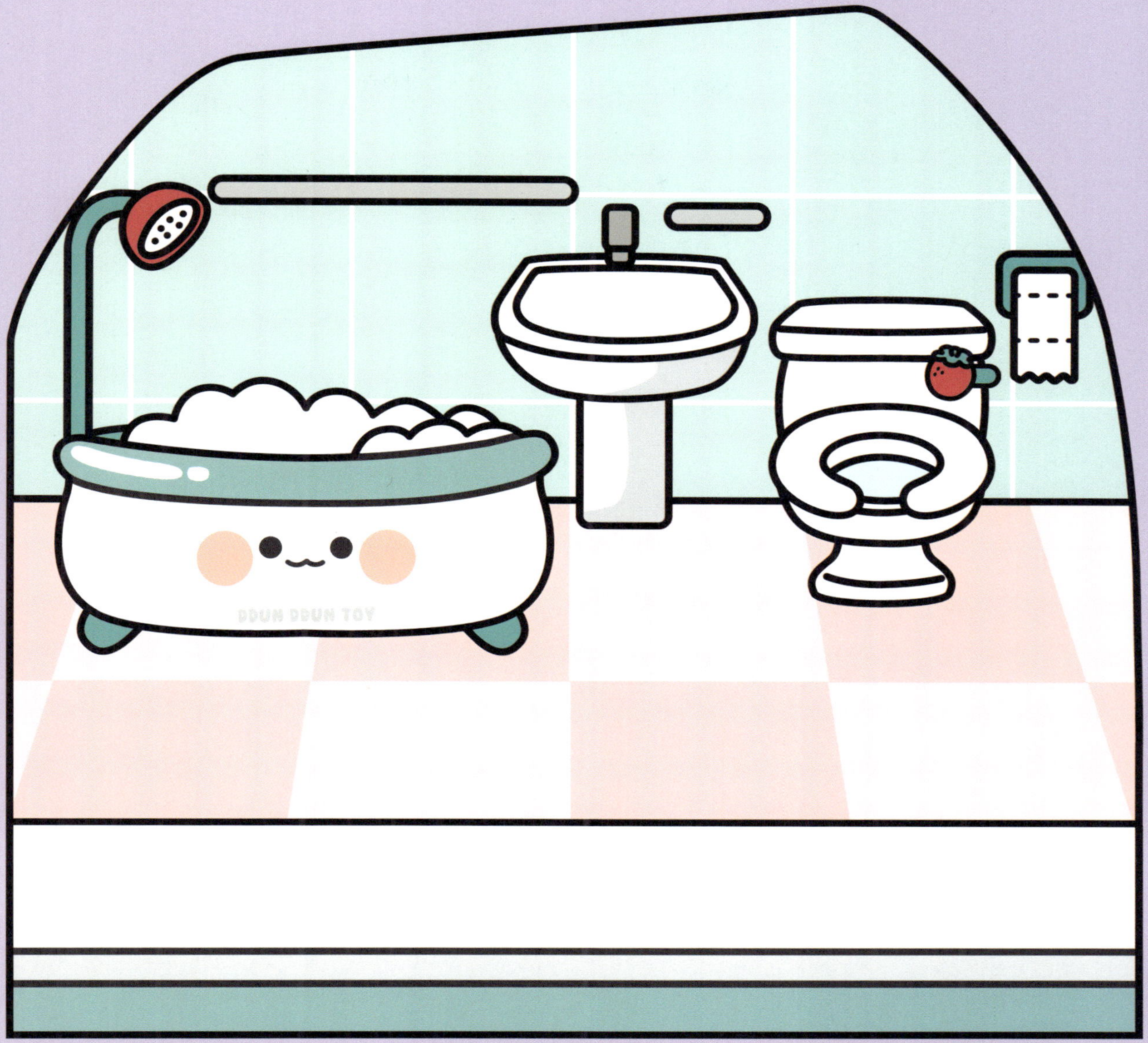

코팅지 / 앞면

코팅지 / 앞면　　박스테이프 / 뒷면

4 딸기 우유 집 스퀴시북

코팅지 / 앞면

코팅지 / 앞면
박스테이프 / 뒷면

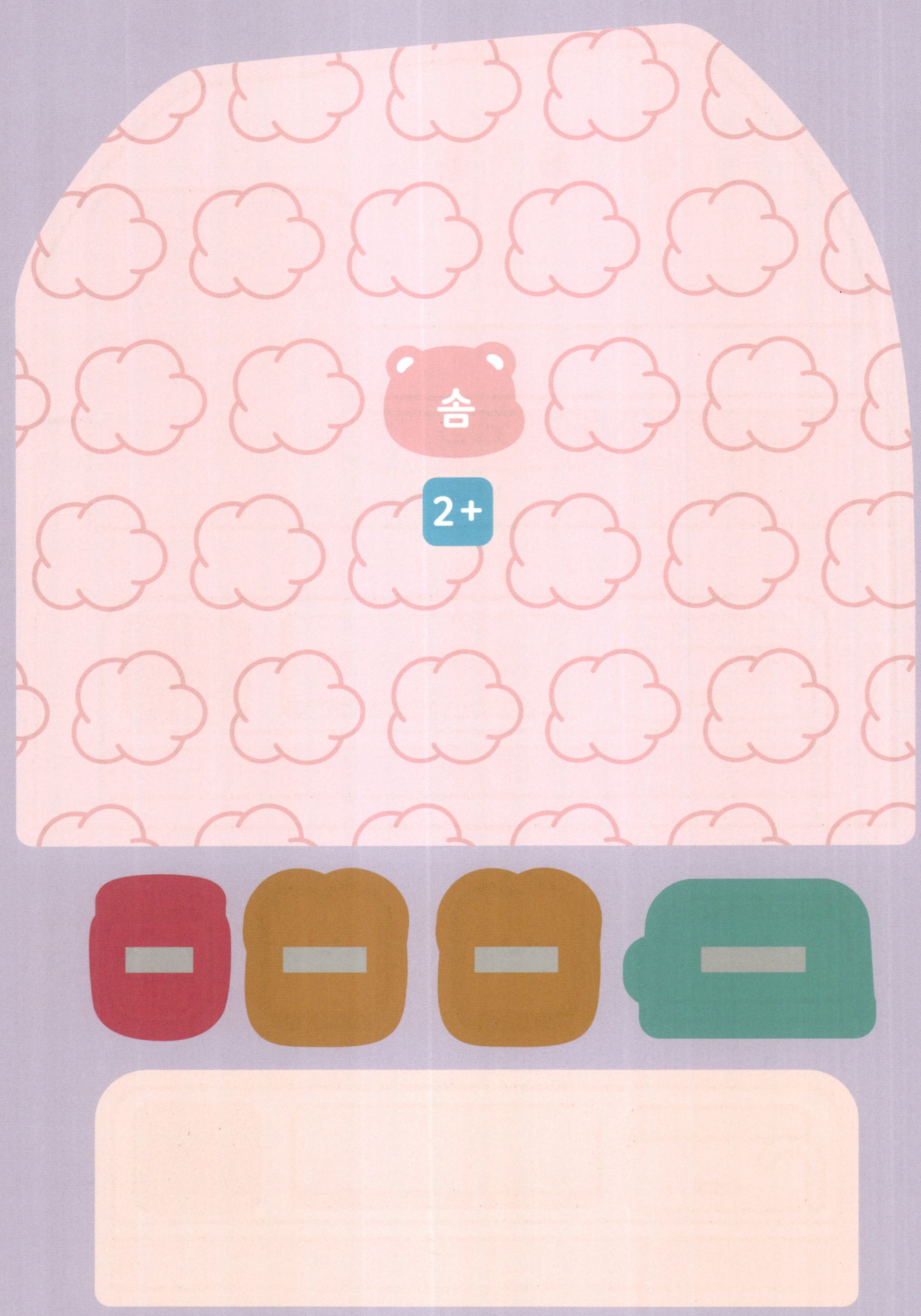

5 딸기 우유 집 스퀴시북

코팅지 / 앞면

코팅지 / 앞면　박스테이프 / 뒷면

131

솜

3

6 딸기 우유 집 스퀴시북

7 딸기 우유 집 스퀴시북

코팅지 / 앞면　박스테이프 / 뒷면

박스테이프 / 양면

136

1 초코 우유 카페 스퀴시북

코팅지 / 앞면

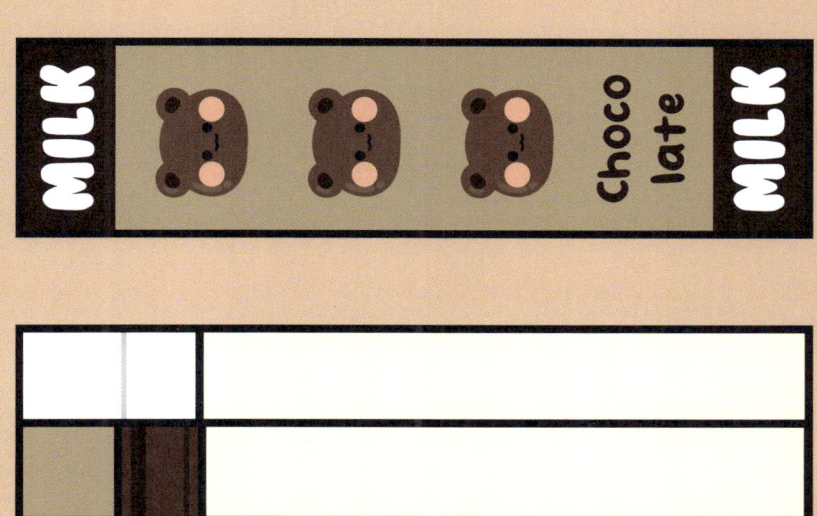

코팅지 / 앞면

솜
1

2 초코 우유 카페 스퀴시북

❸ 초코 우유 카페 스퀴시북

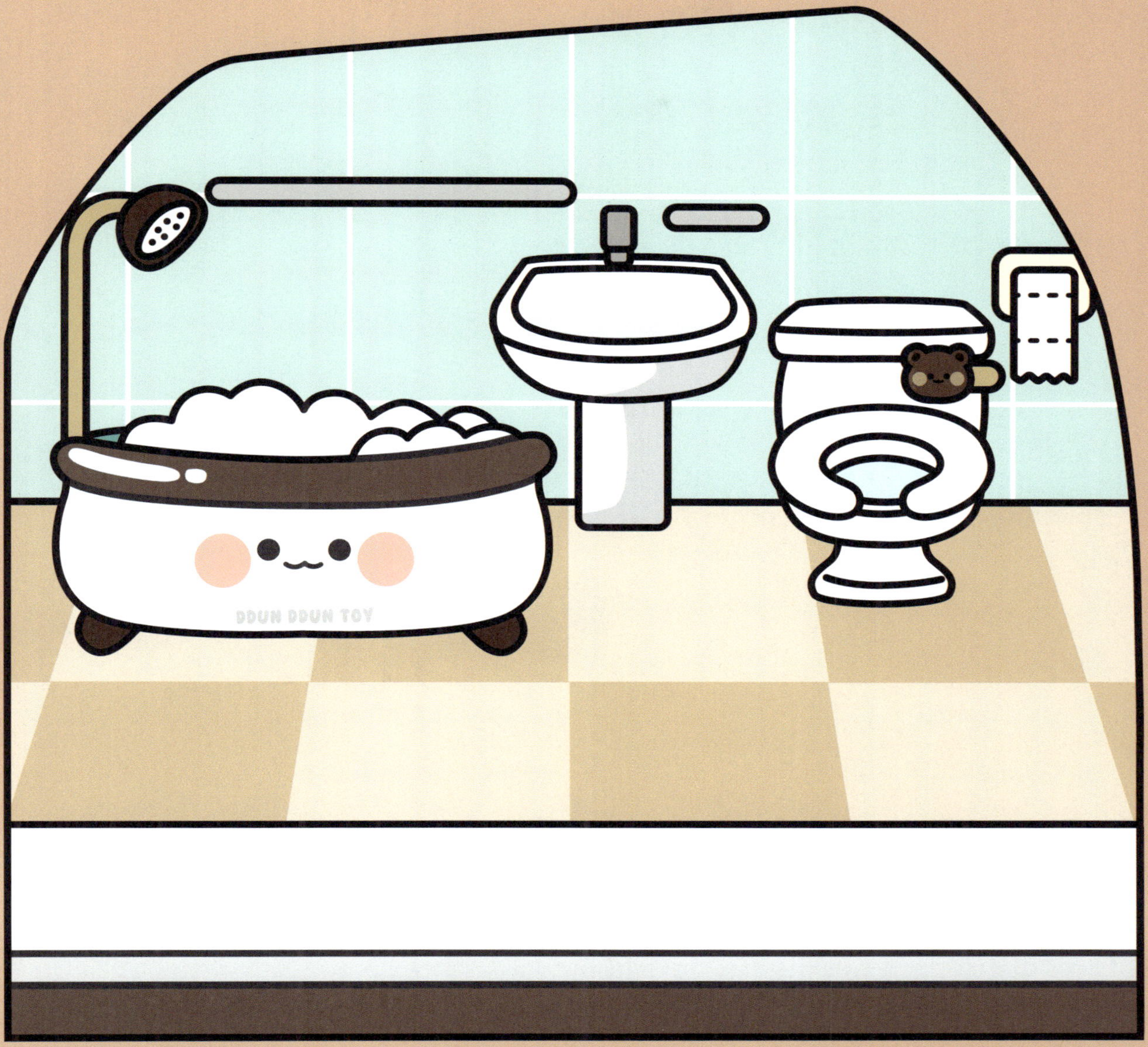

코팅지 / 앞면

코팅지 / 앞면   박스테이프 / 뒷면

141

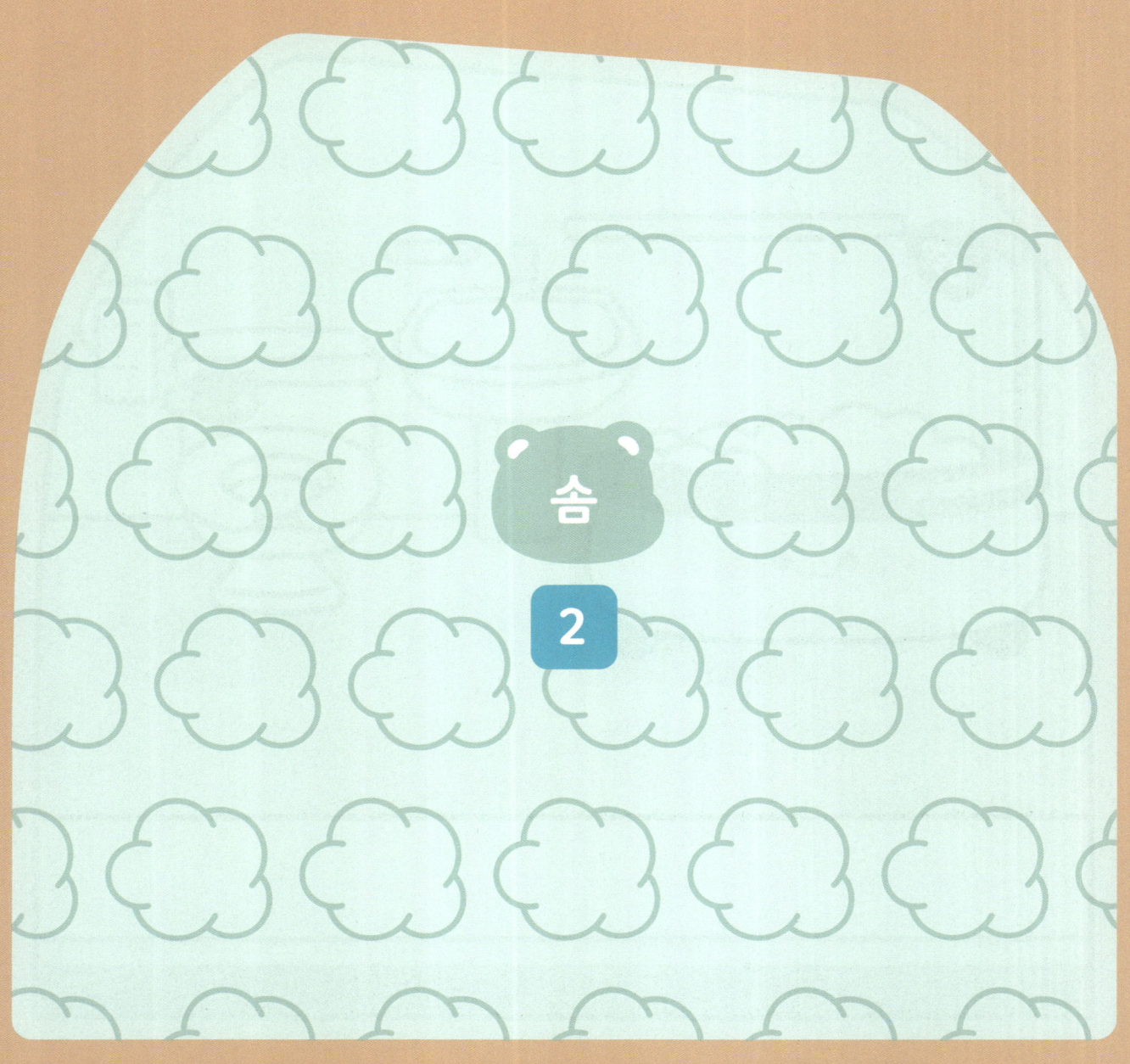

④ 초코 우유 카페 스퀴시북

코팅지 / 앞면

코팅지 / 앞면　　박스테이프 / 뒷면

솜

2+

5 초코 우유 카페 스퀴시북

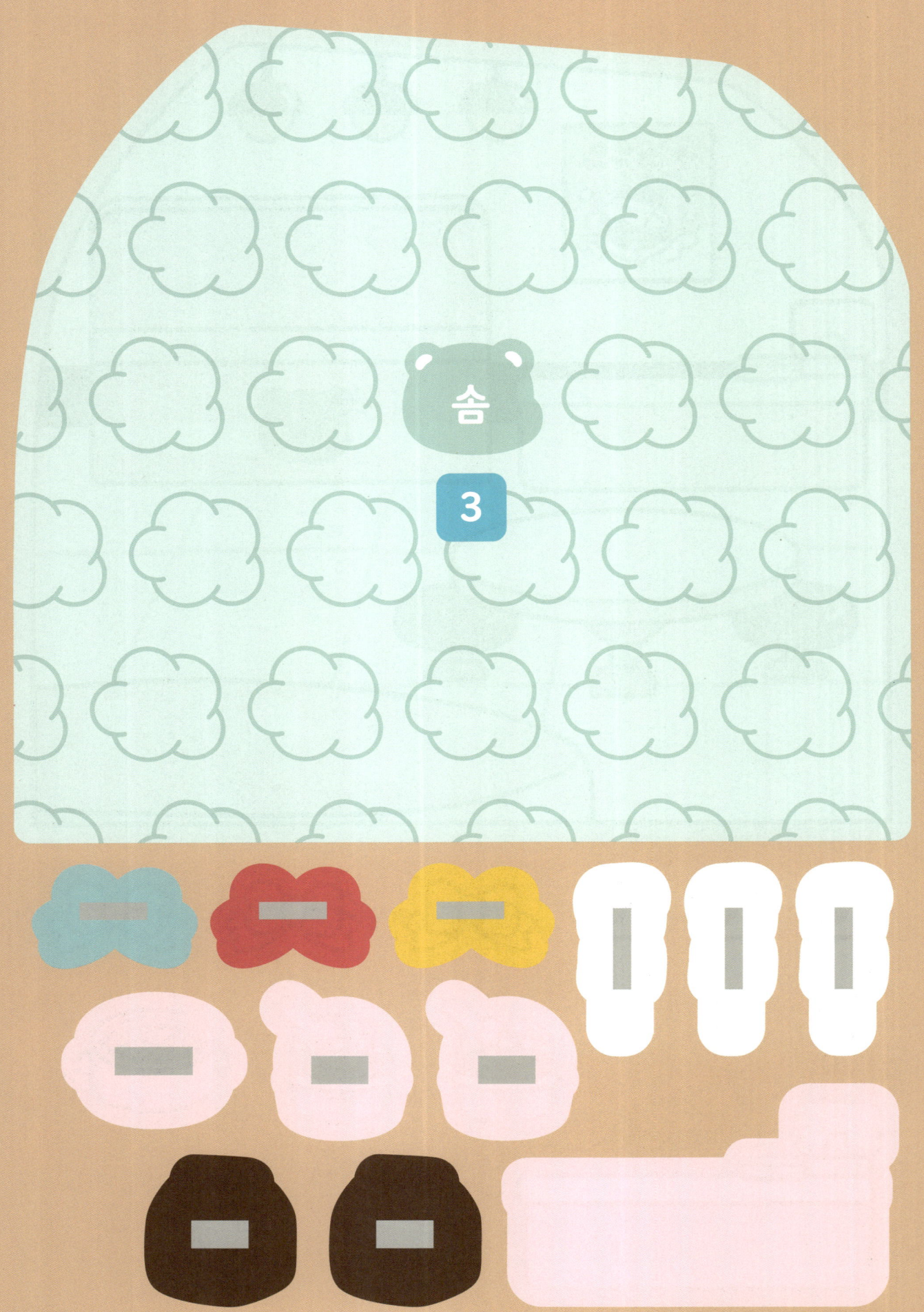

6 초코 우유 카페 스퀴시북

7 초코 우유 카페 스퀴시북

1 아이스크림 가게 스퀴시북

코팅지 / 앞면

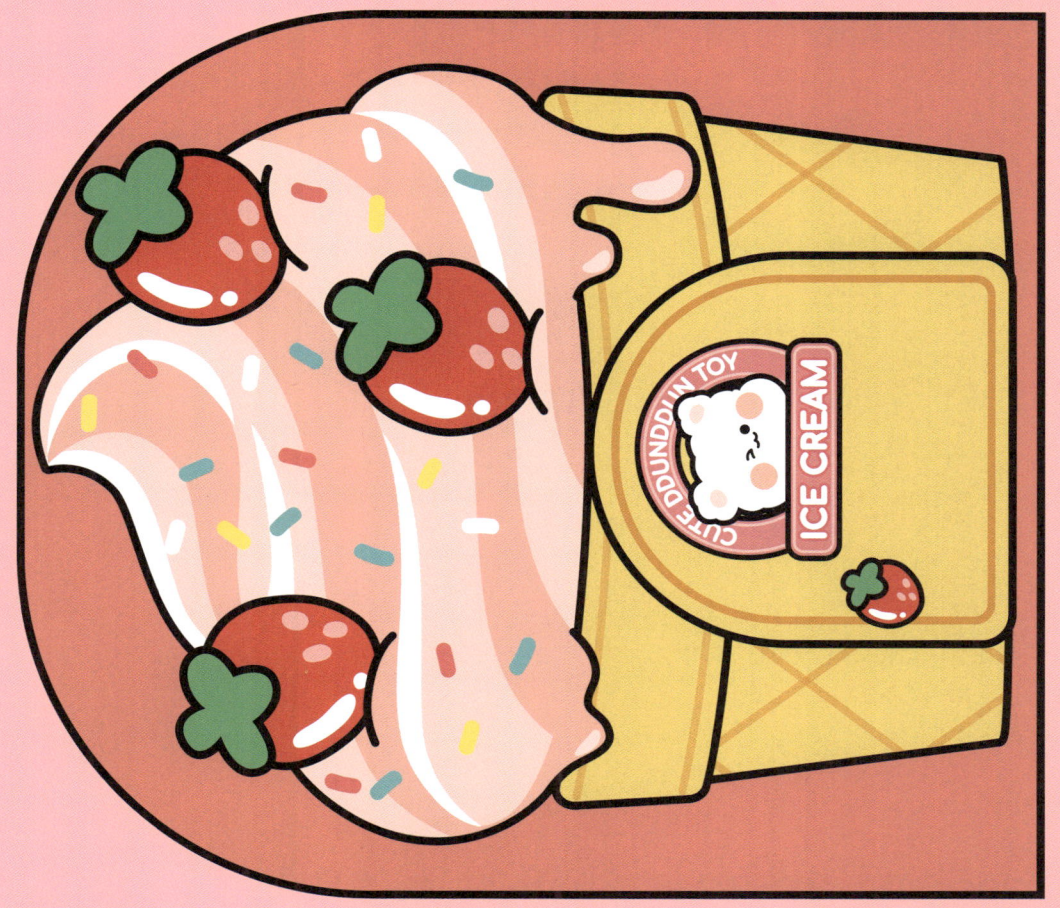

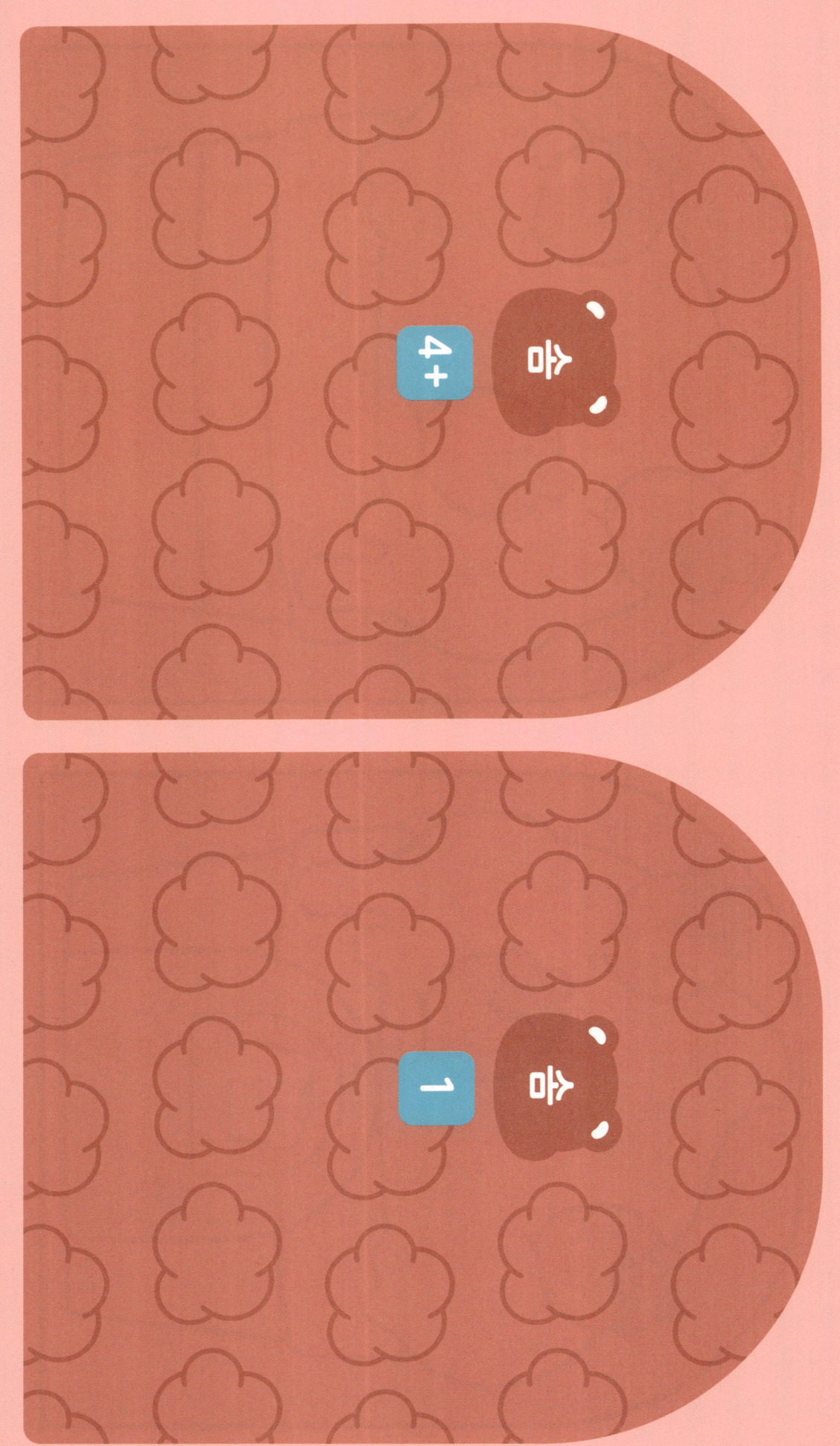

② 아이스크림 가게 스퀴시북

코팅지 / 앞면

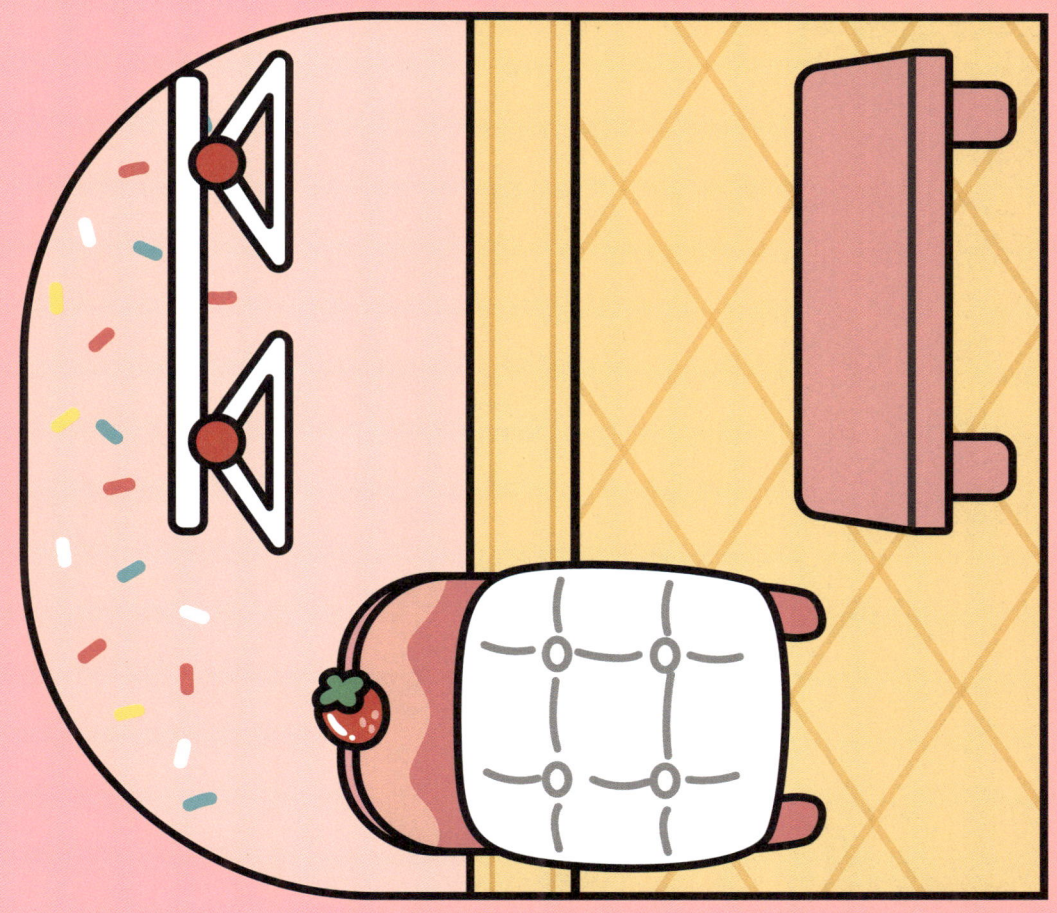

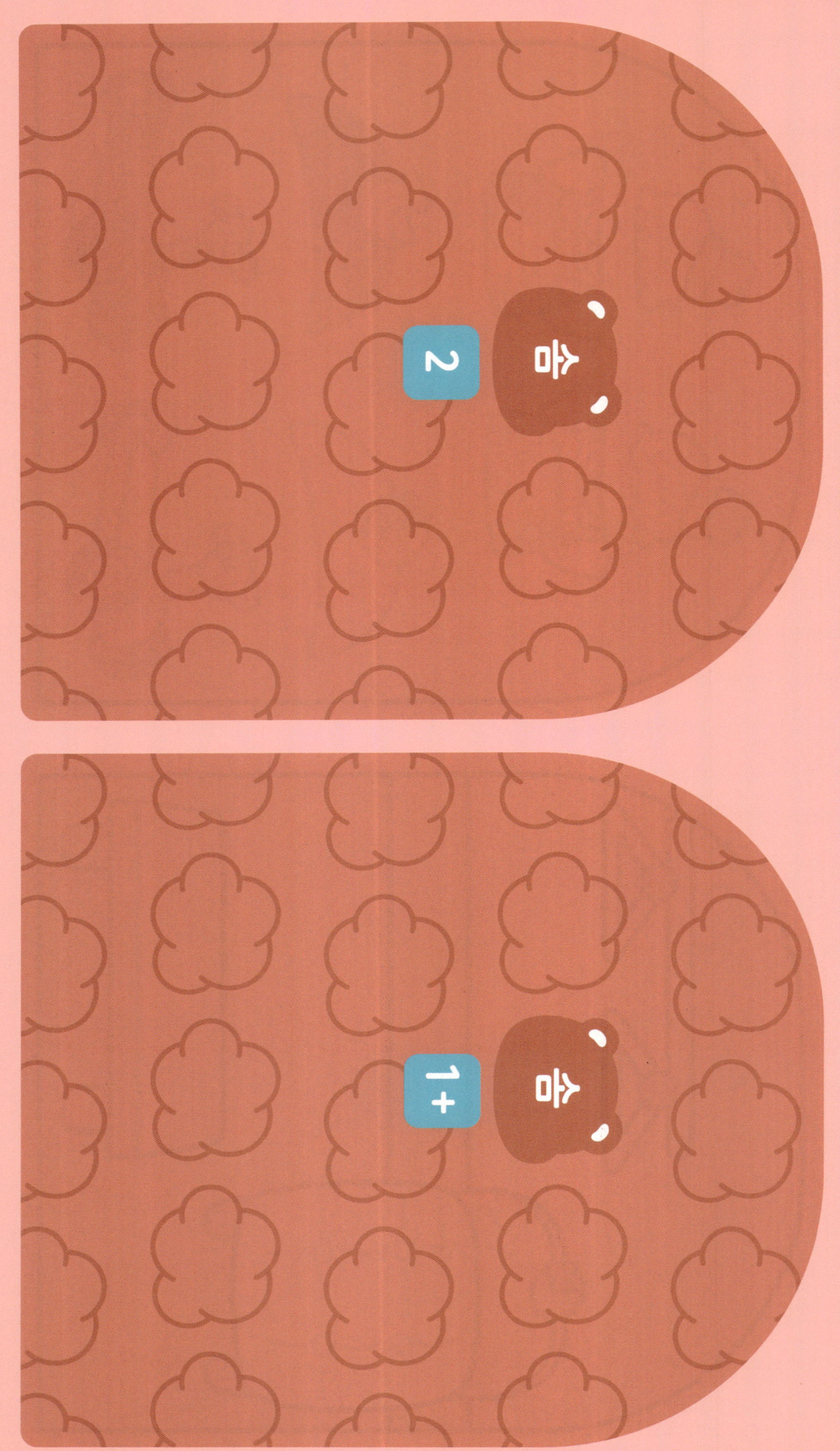

❸ 아이스크림 가게 스퀴시북

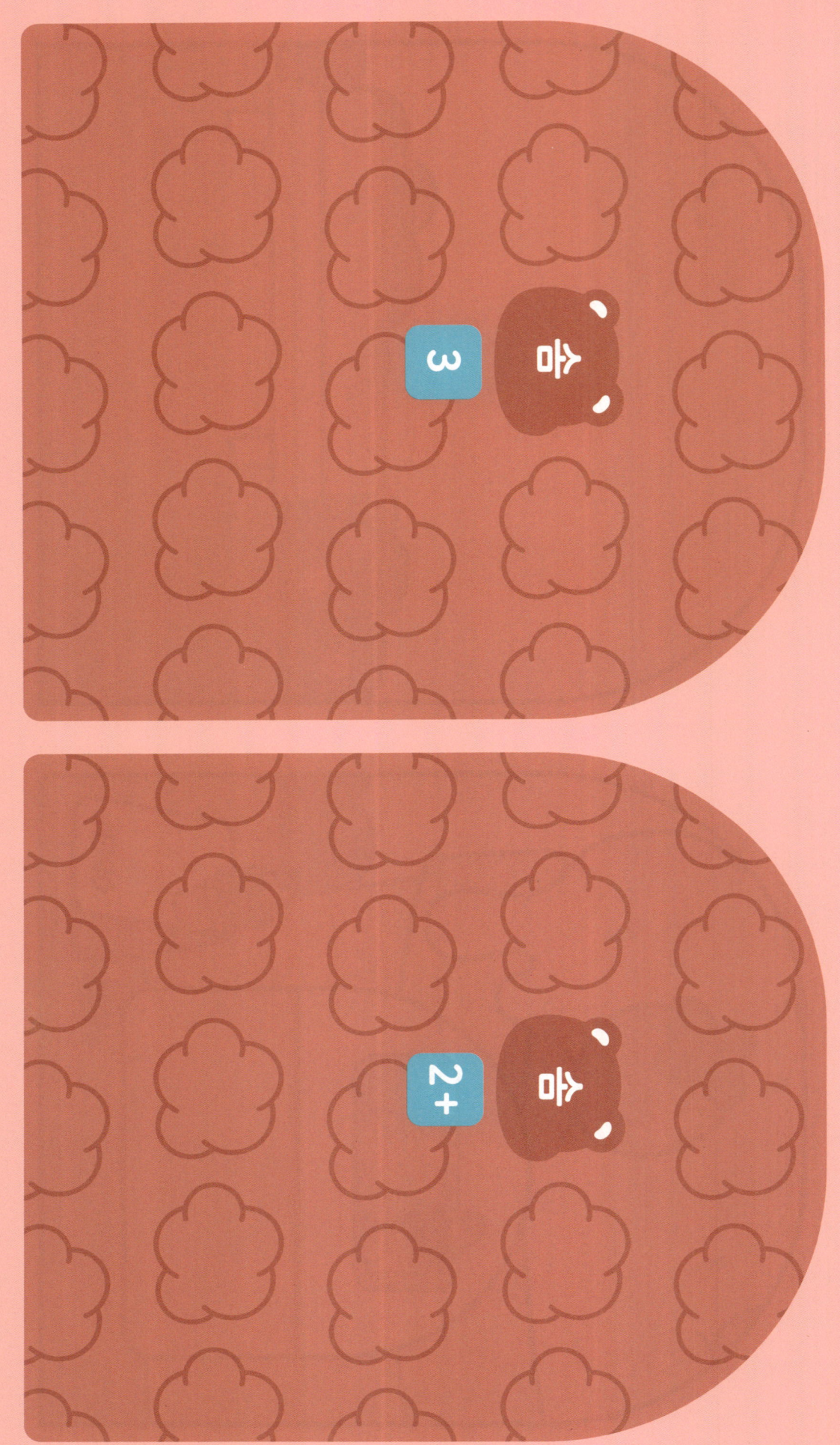

4 아이스크림 가게 스퀴시북

코팅지 / 앞면

157

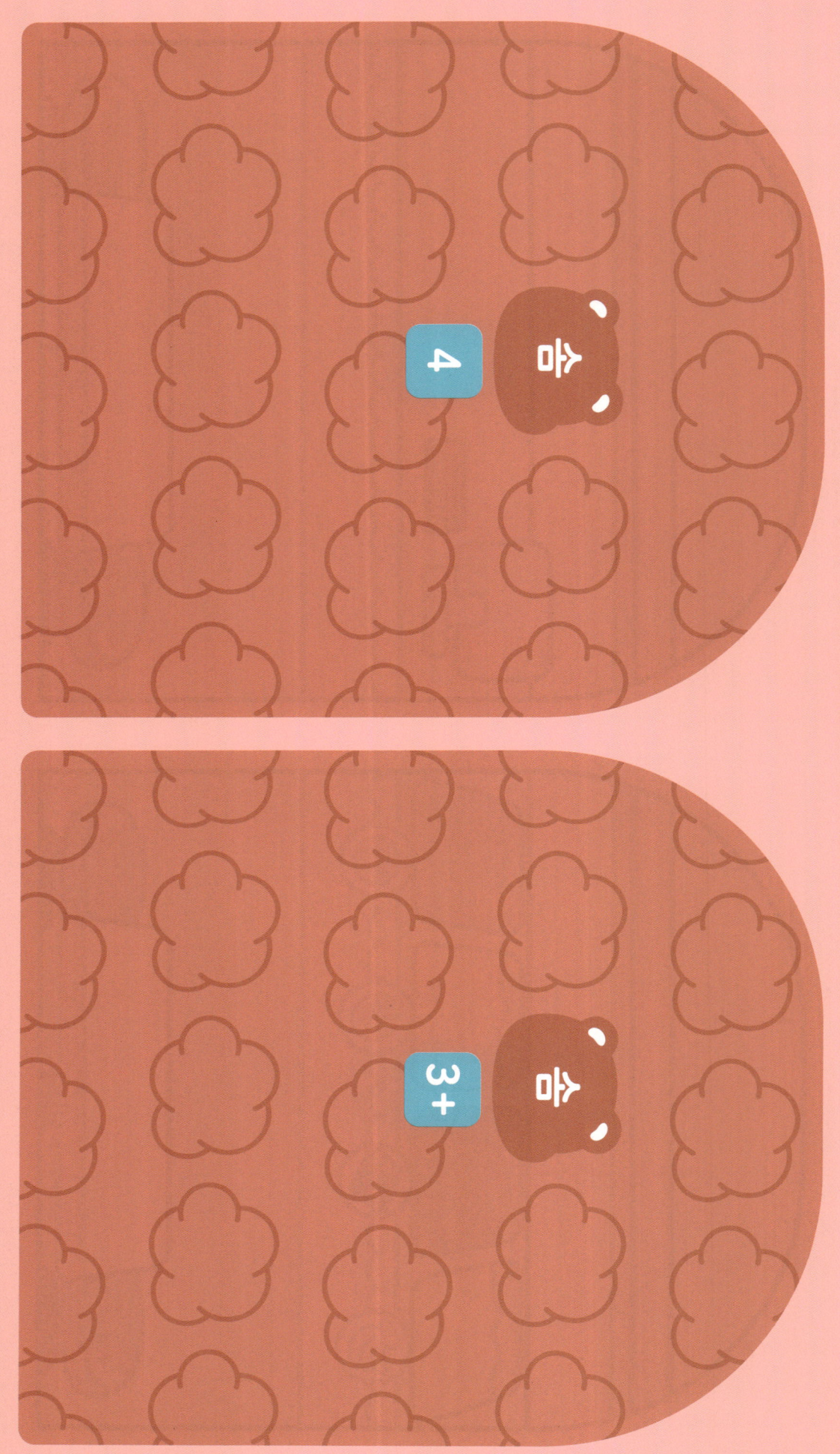

5 아이스크림 가게 스퀴시북

7. 아이스크림 가게 스퀴시북

코팅지 / 앞면　　박스테이프 / 뒷면

코팅지 / 앞면

박스테이프 / 양면

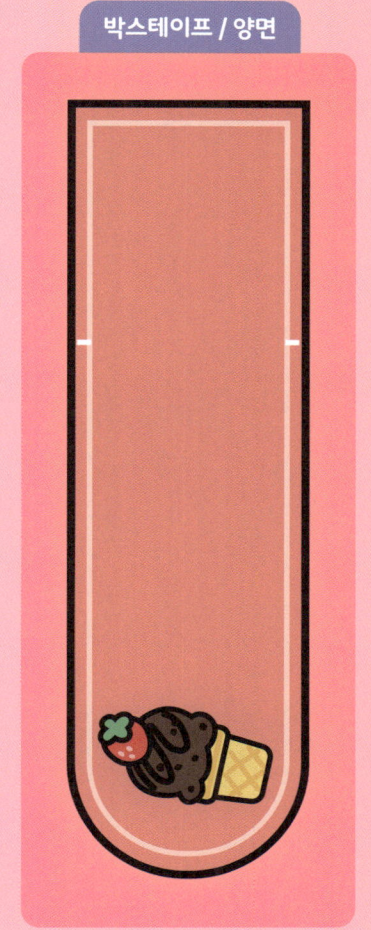

1 토끼 영화관 스퀴시북

코팅지 / 앞면

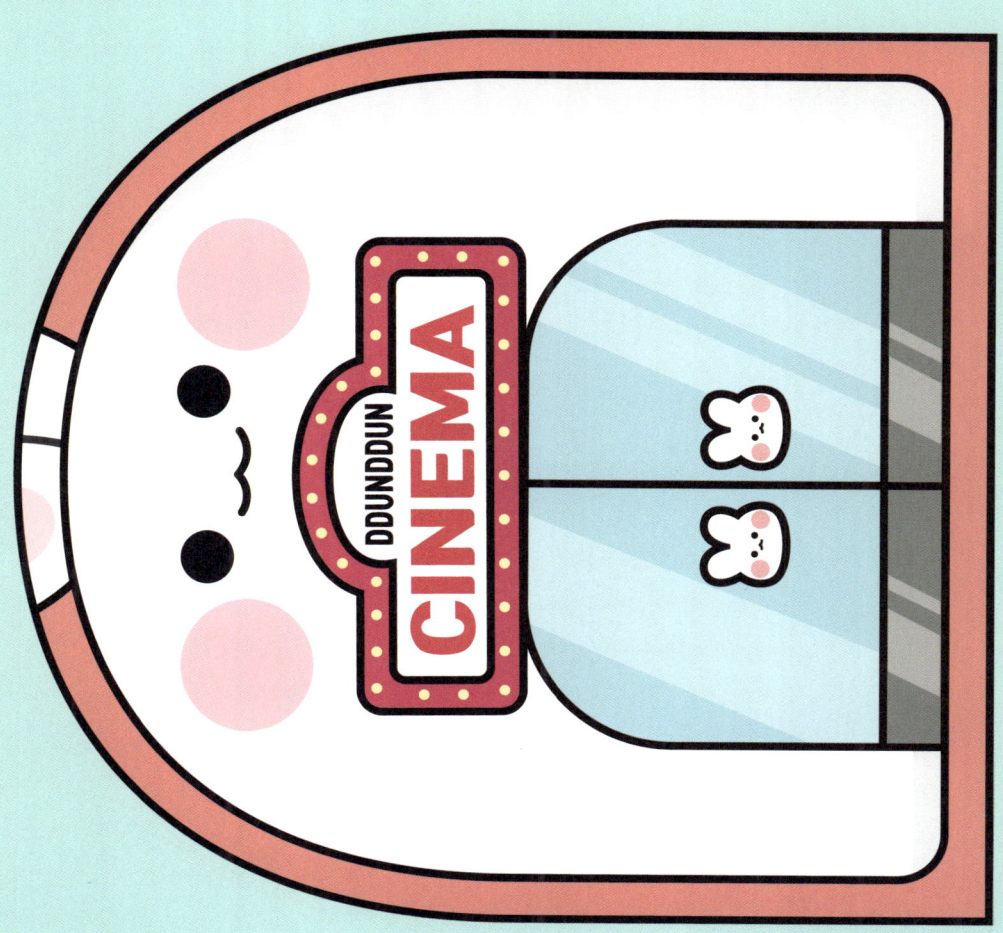
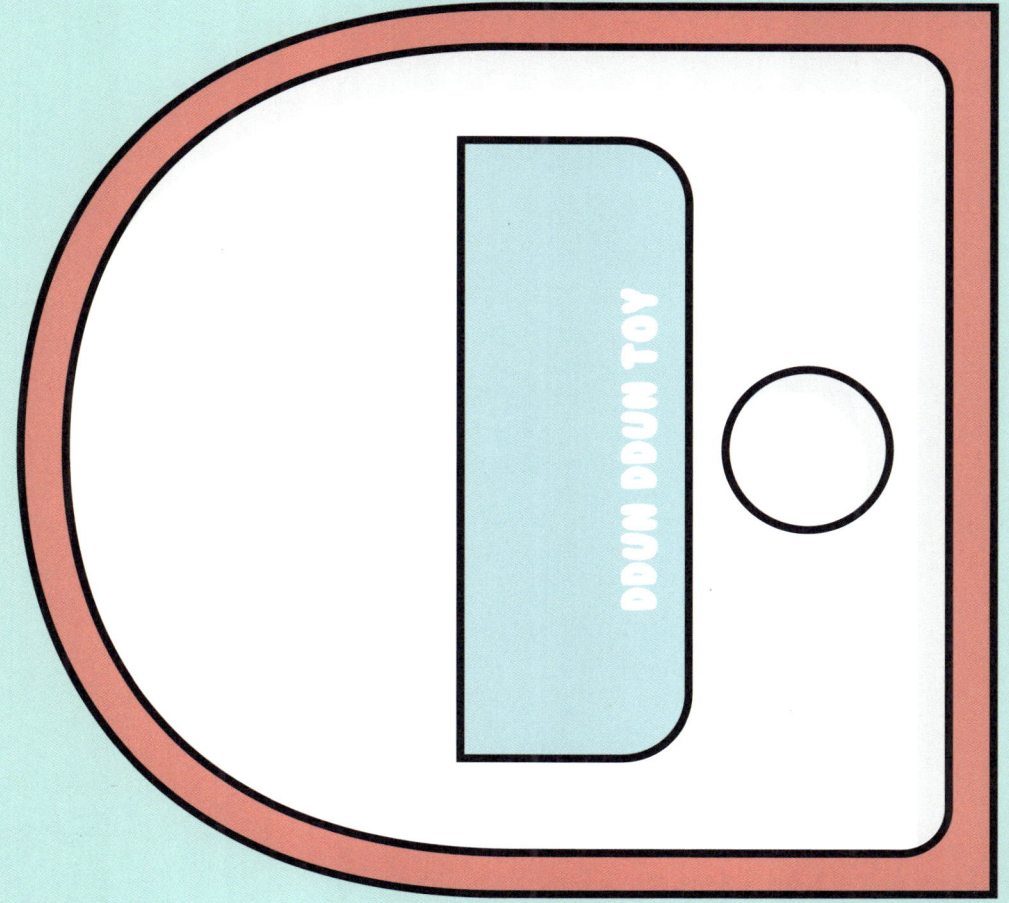

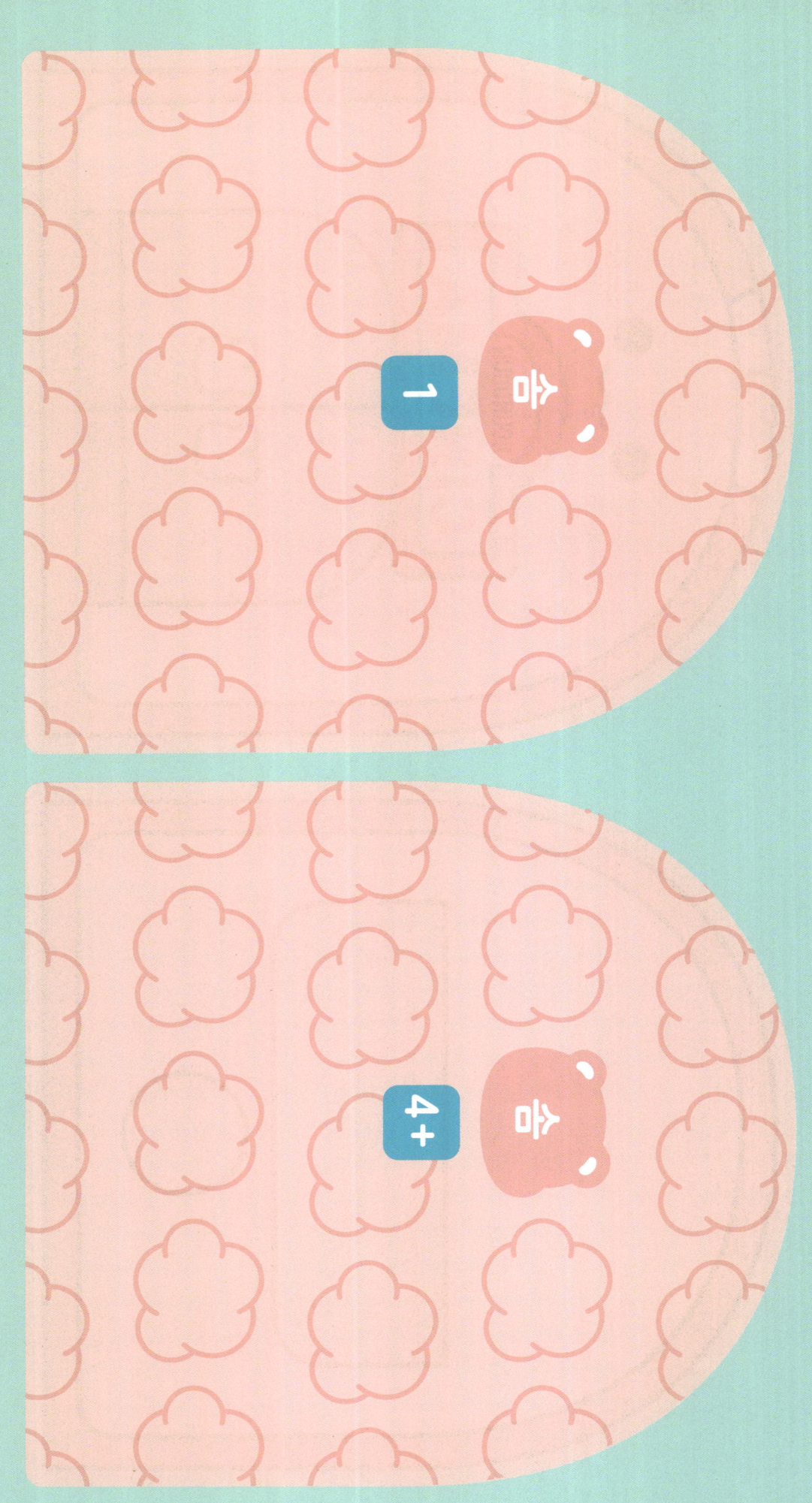

2 토끼 영화관 스퀴시북

코팅지 / 앞면

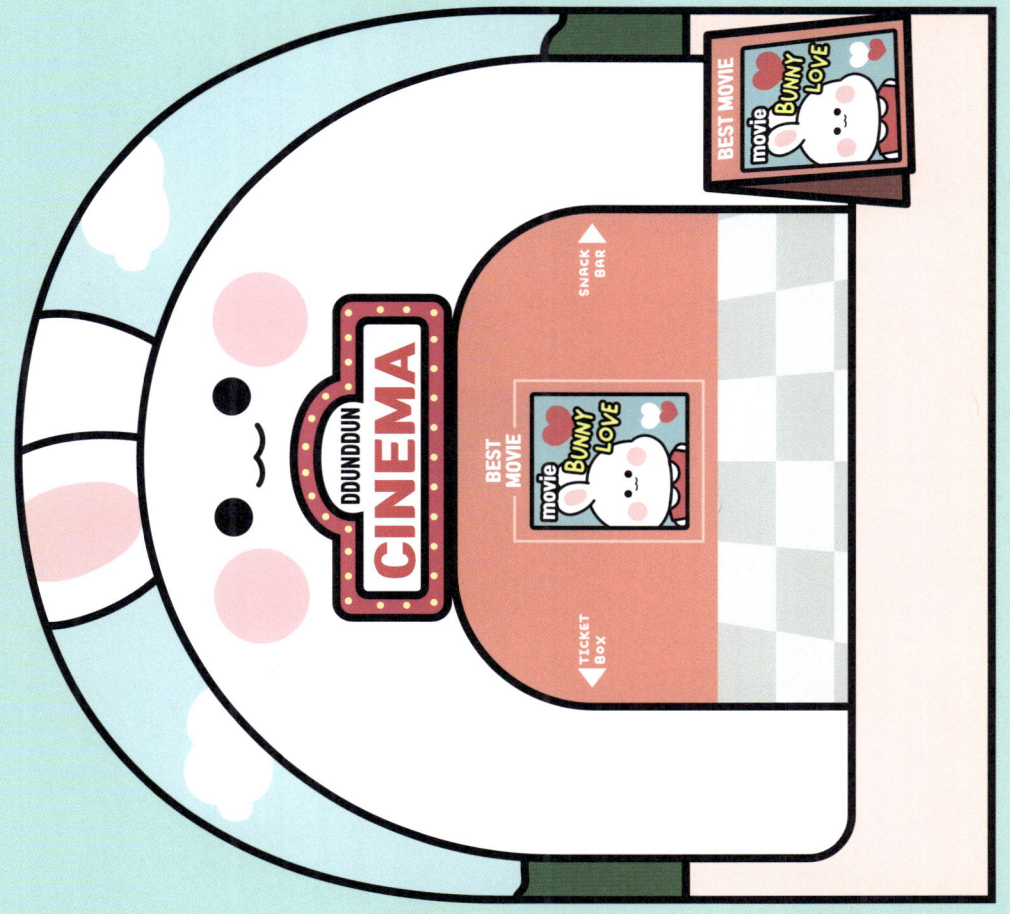

3 토끼 영화관 스퀴시북

코팅지 / 앞면

4 토끼 영화관 스퀴시북

코팅지 / 앞면

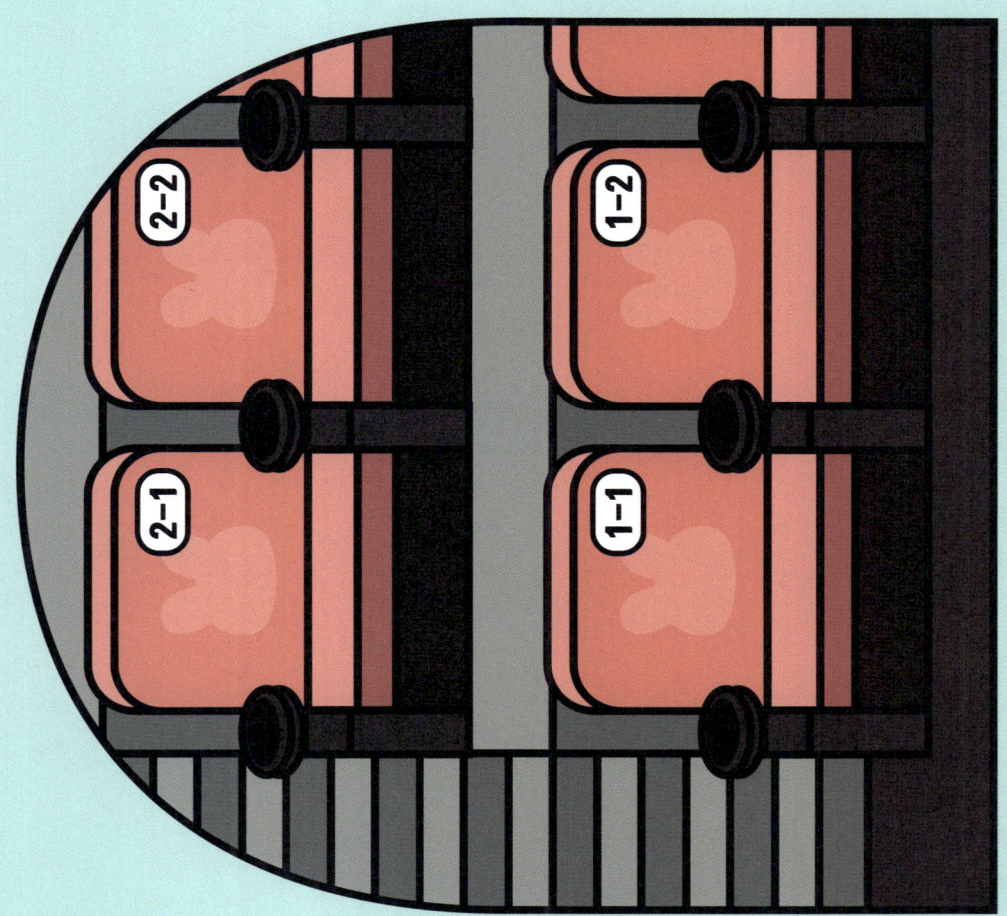

171

5 토끼 영화관 스퀴시북

⑥ 토끼 영화관 스퀴시북

코팅지 / 앞면　박스테이프 / 뒷면

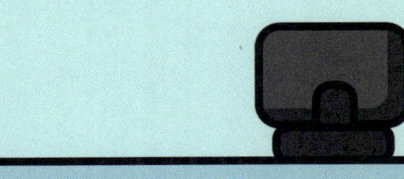

7 토끼 영화관 스퀴시북

코팅지 / 앞면   박스테이프 / 뒷면

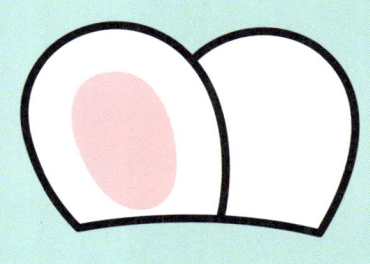

코팅지 / 앞면

박스테이프 / 양면

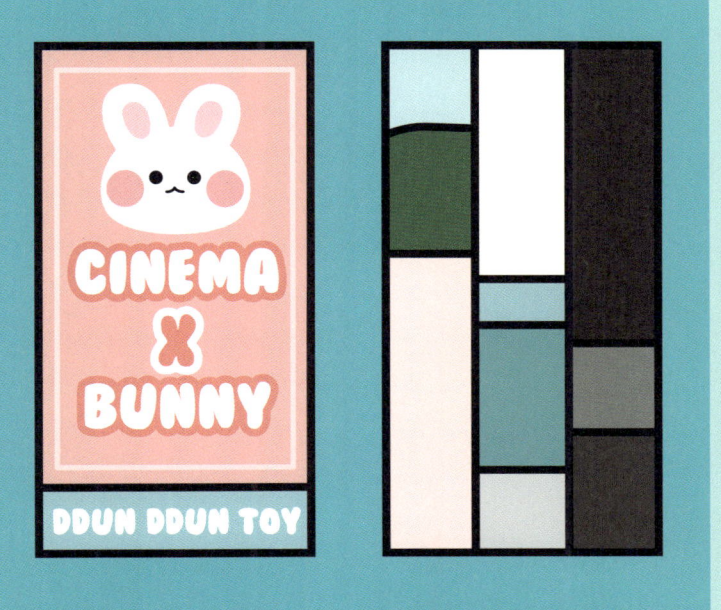
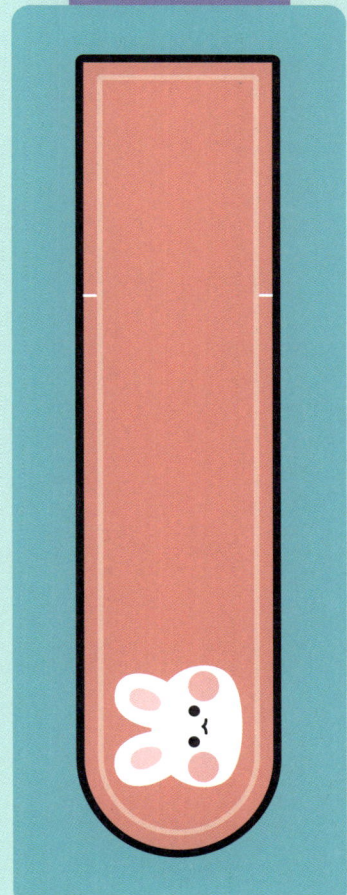

❶ 인어공주 붕어빵 가게 스퀴시북

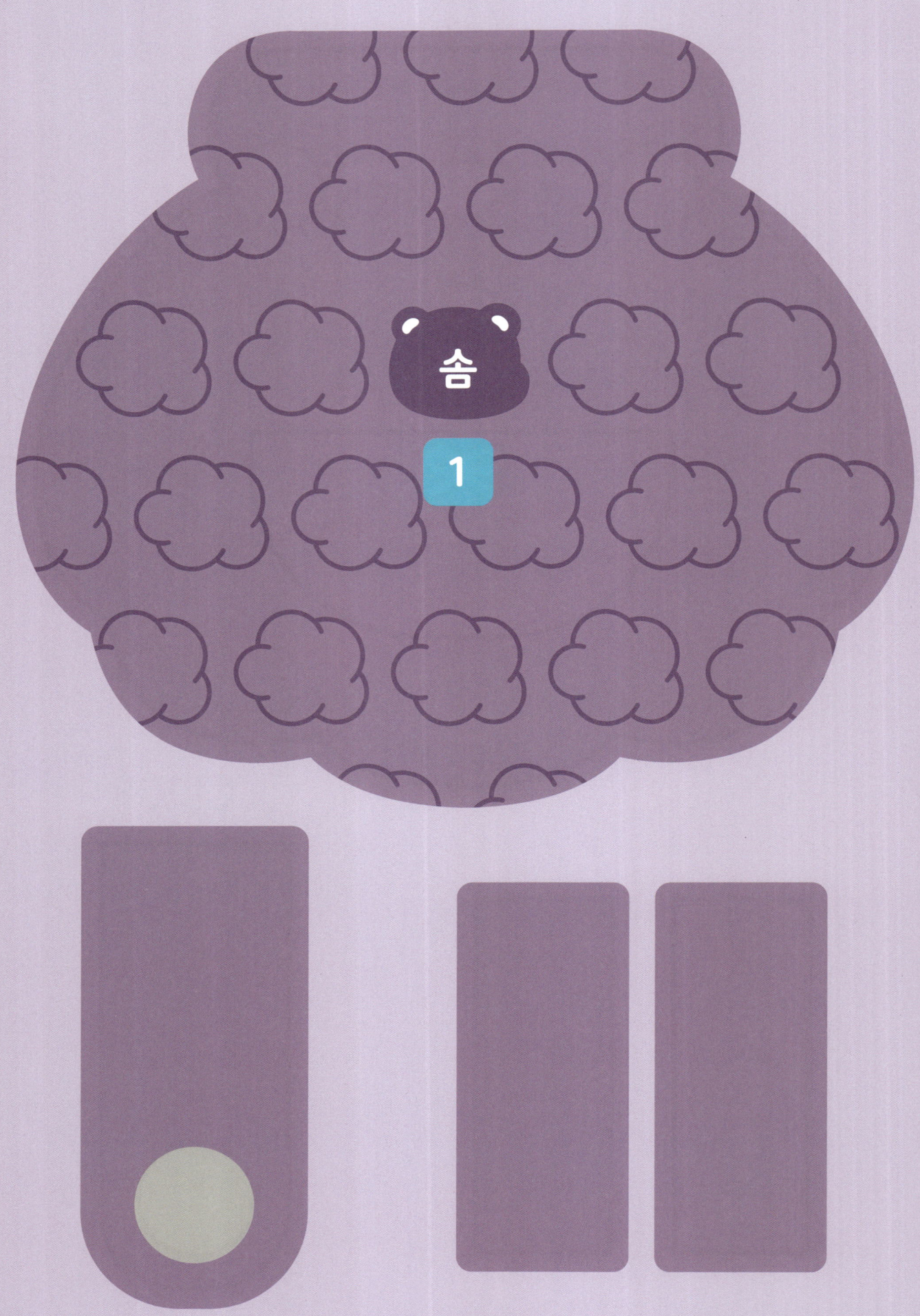

2 인어공주 붕어빵 가게 스퀴시북

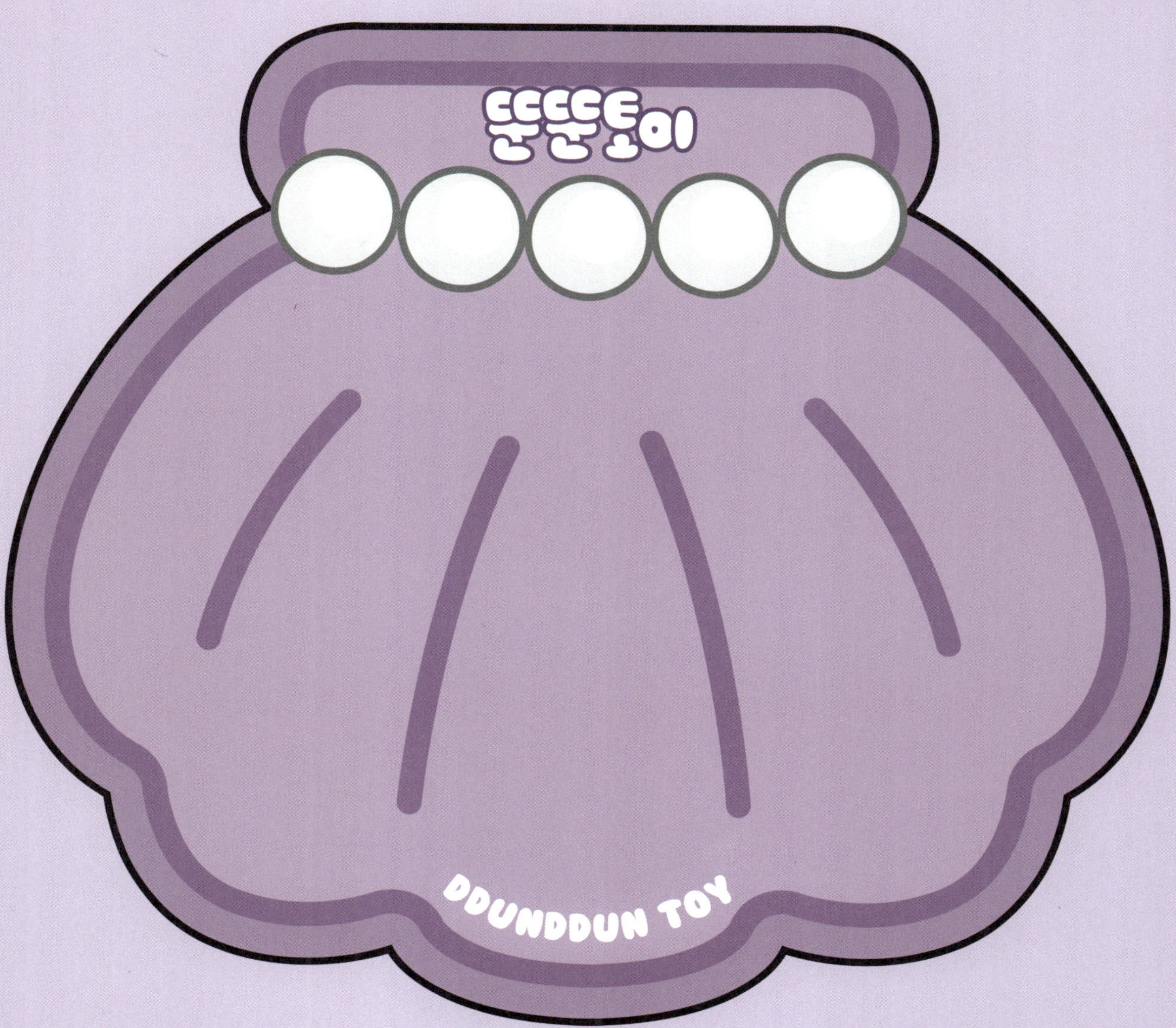

코팅지 / 앞면

뚠뚠토이

DDUNDDUN TOY

코팅지 / 앞면 | 박스테이프 / 뒷면

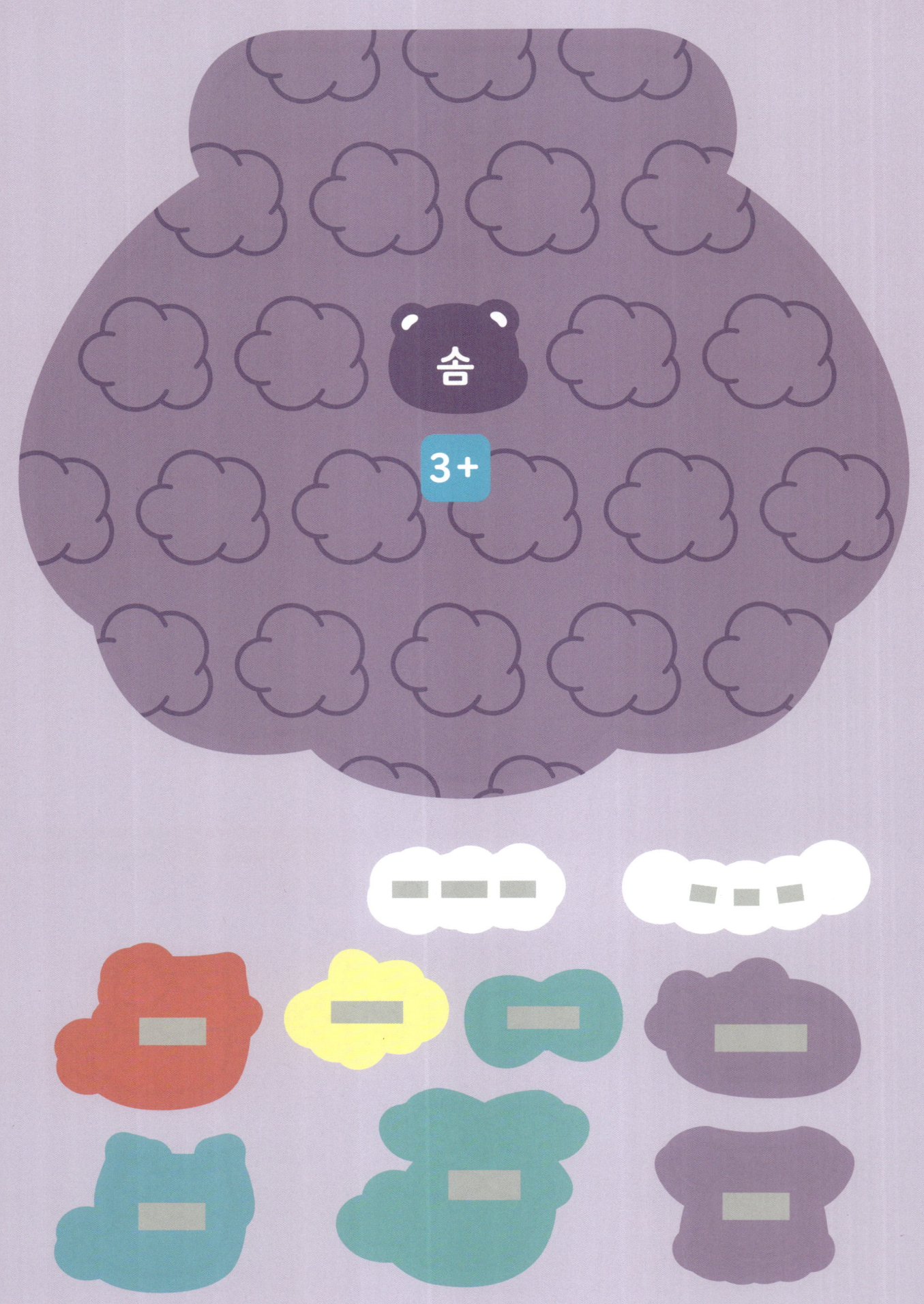

❸ 인어공주 붕어빵 가게 스퀴시북

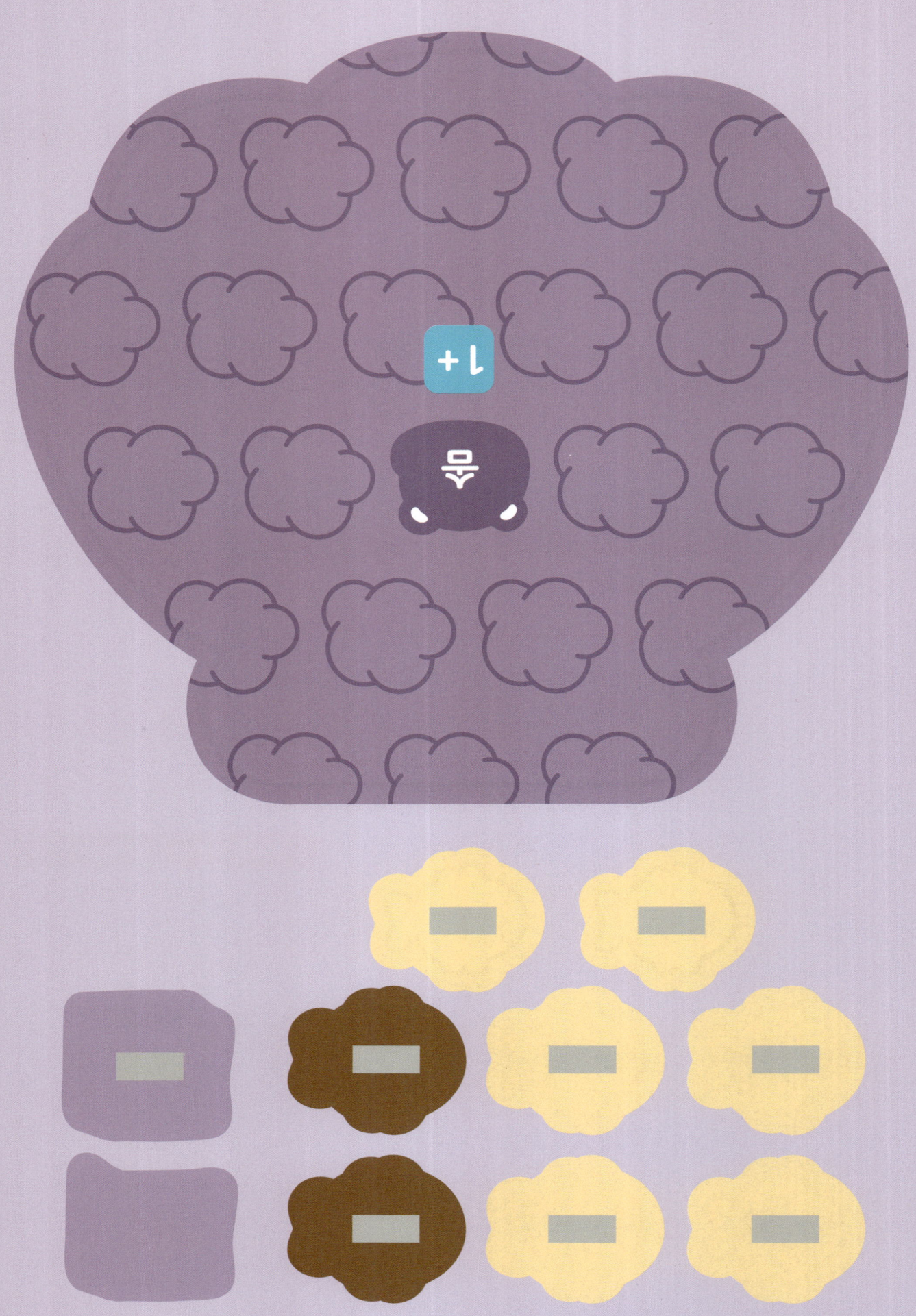

4 인어공주 붕어빵 가게 스퀴시북

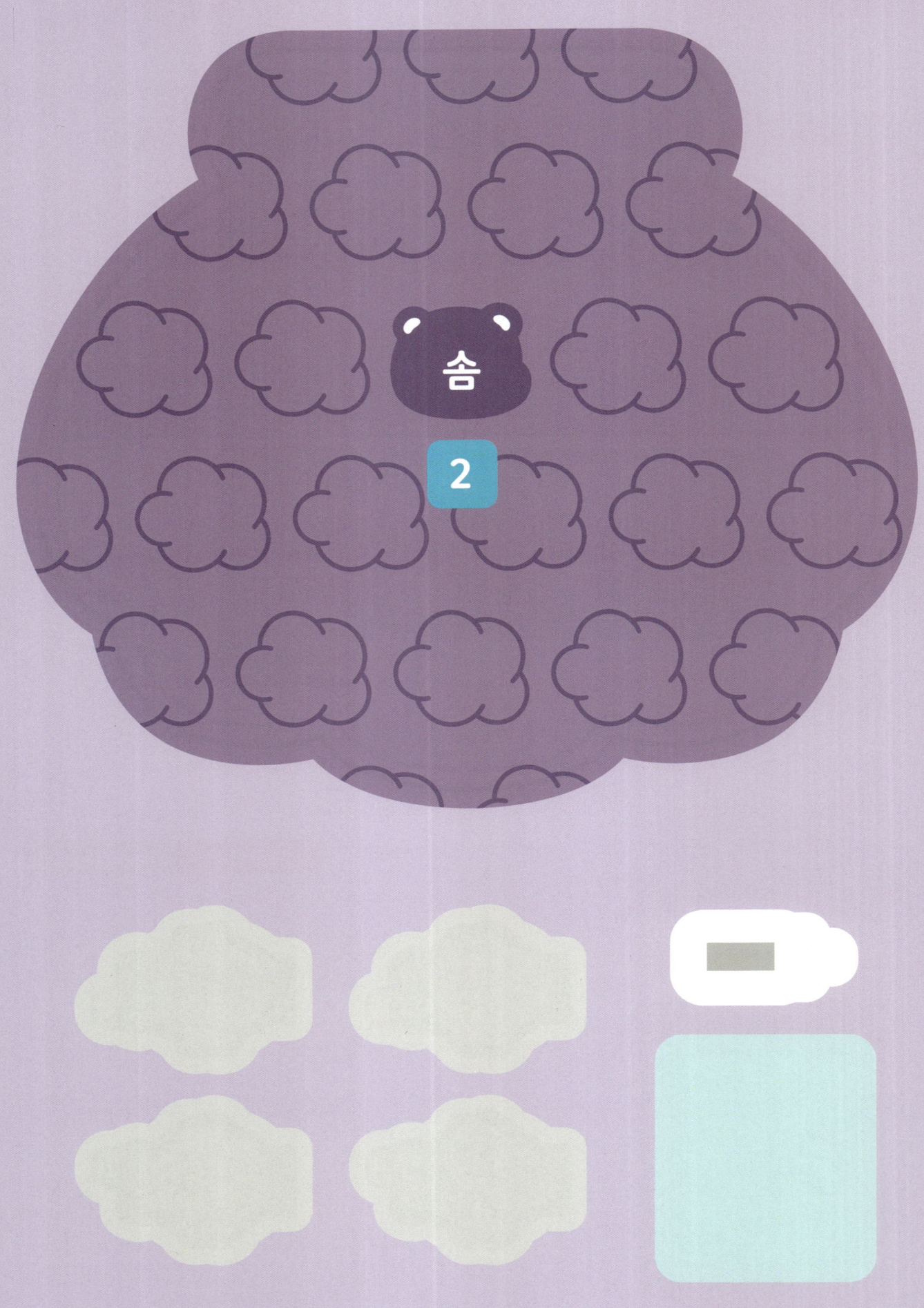

5 인어공주 붕어빵 가게 스퀴시북

코팅지 / 앞면

코팅지 / 앞면　박스테이프 / 뒷면

6 인어공주 붕어빵 가게 스퀴시북

코팅지 / 앞면

코팅지 / 앞면　박스테이프 / 뒷면

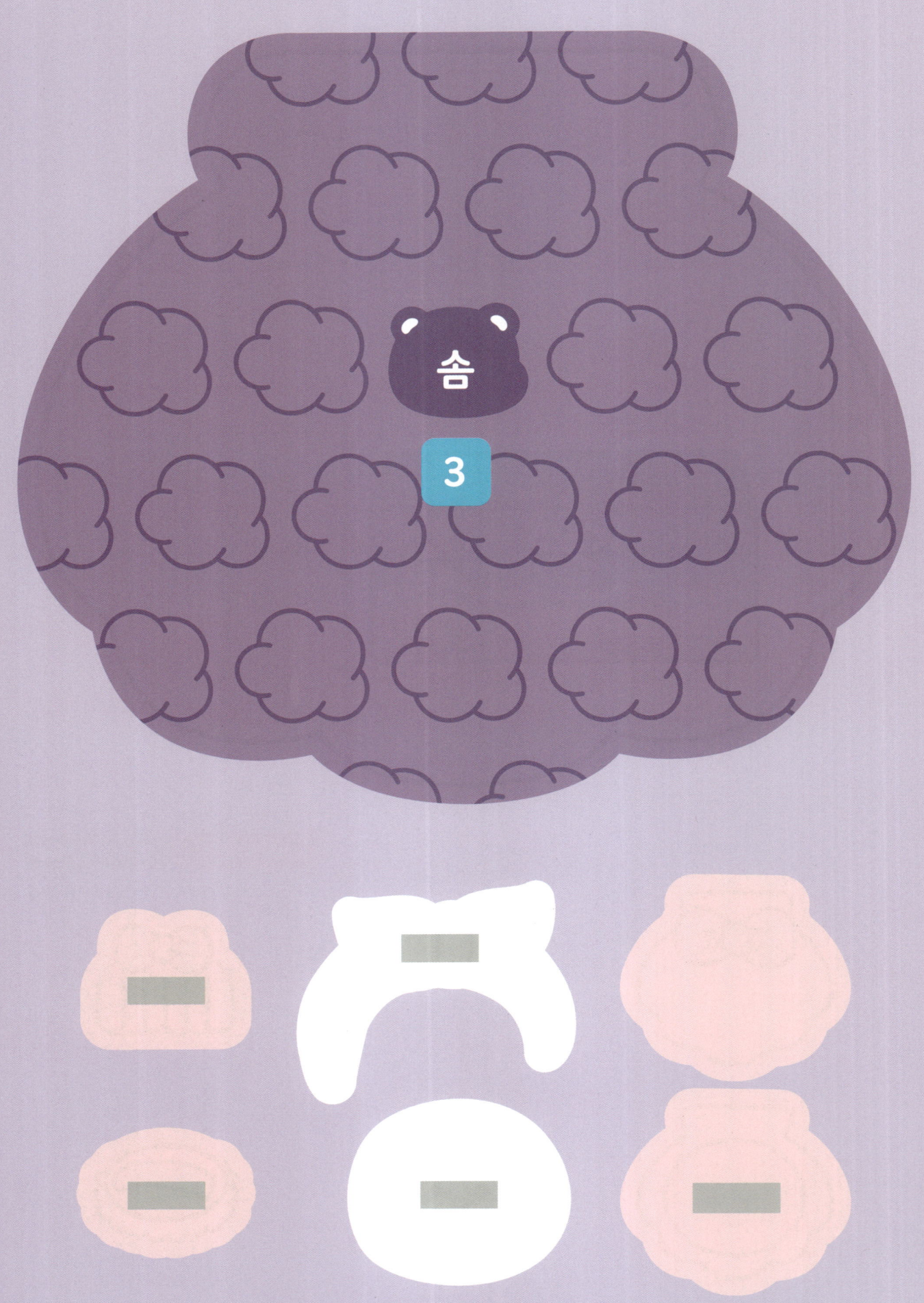

7 인어공주 붕어빵 가게 스퀴시북

코팅지 / 앞면　박스테이프 / 뒷면

⑧ 인어공주 붕어빵 가게 스퀴시북

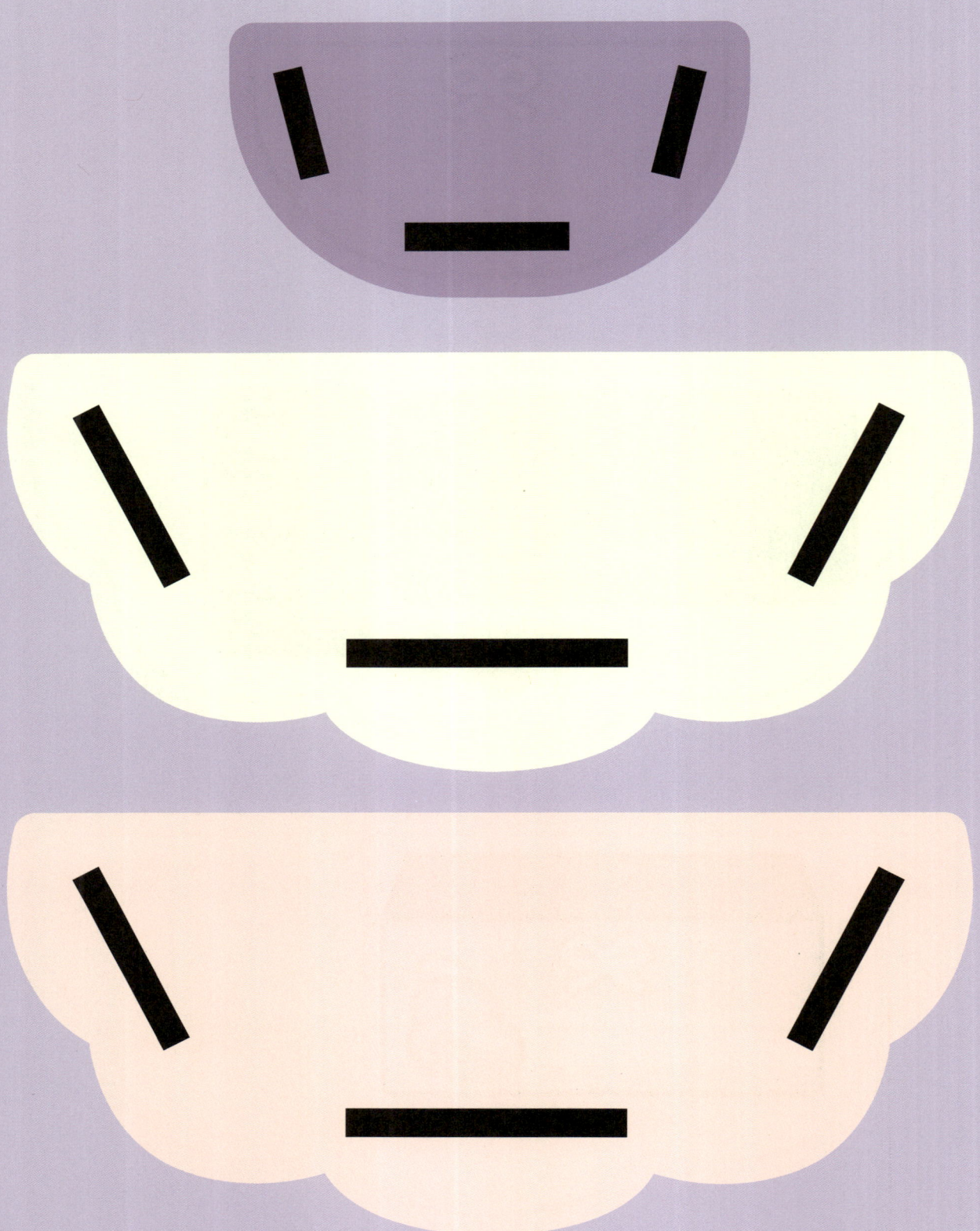

1 헨젤과 그레텔의 과자집 스퀴시북

코팅지 / 앞면

195

❷ 헨젤과 그레텔의 과자집 스퀴시북

솜

1+

2

❸ 헨젤과 그레텔의 과자집 스퀴시북

코팅지 / 앞면

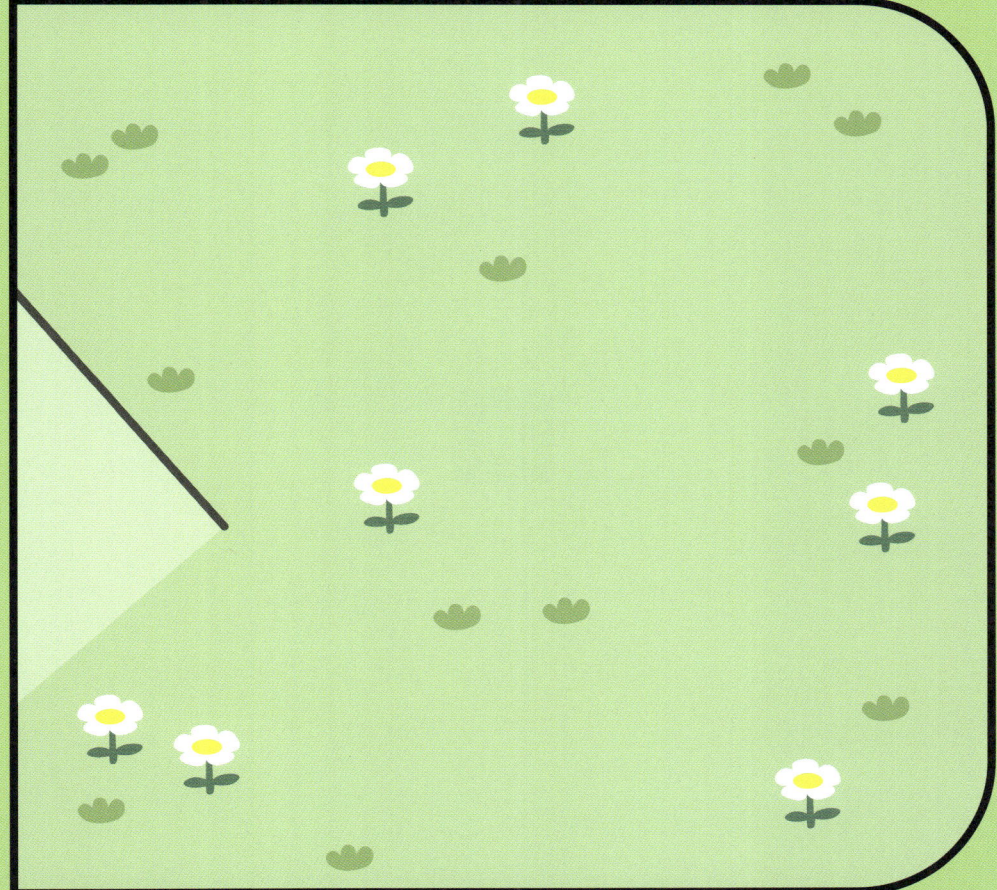

199

④ 헨젤과 그레텔의 과자집 스퀴시북

솜

4

6 헨젤과 그레텔의 과자집 스퀴시북

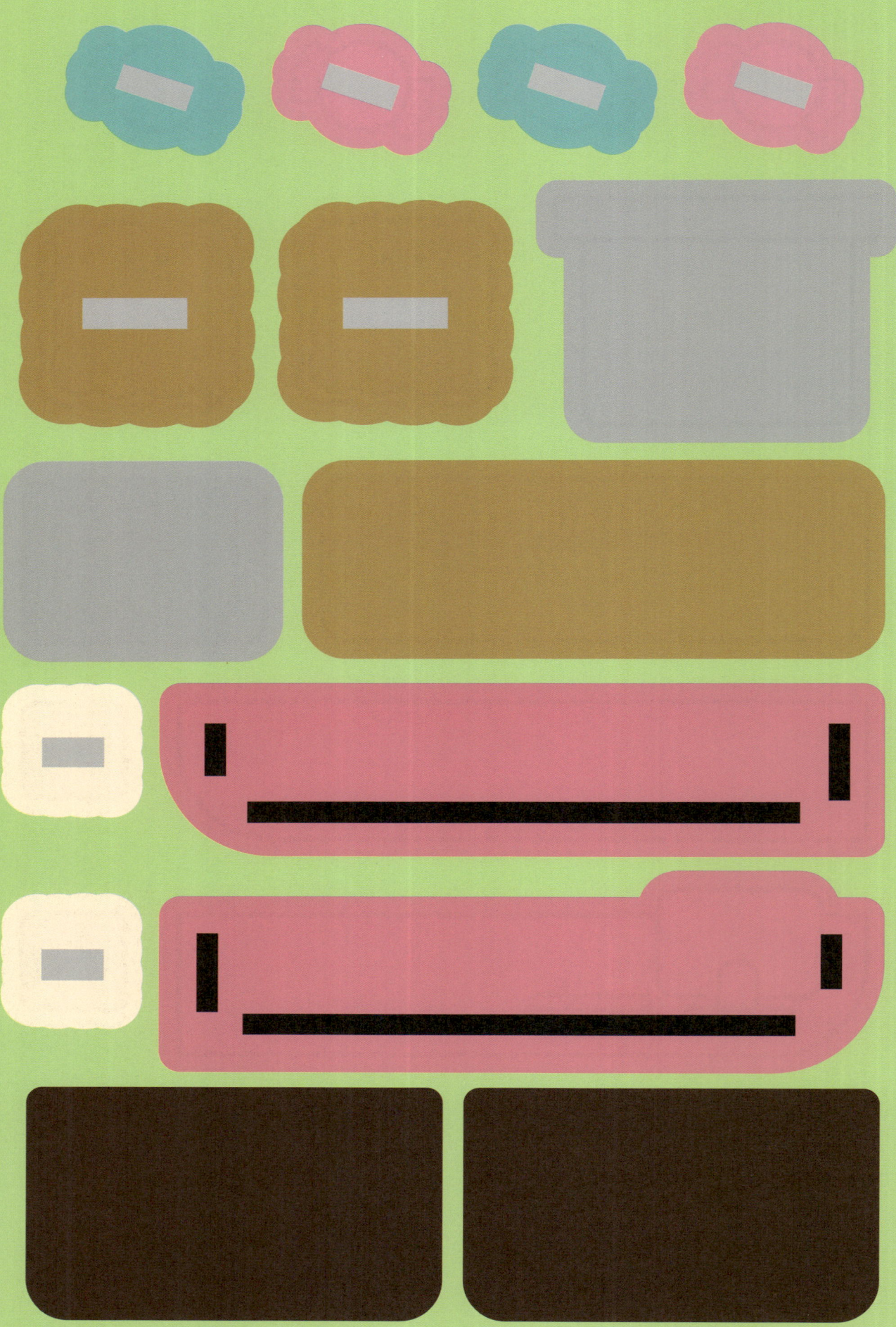

7 헨젤과 그레텔의 과자집 스퀴시북

코팅지 / 앞면   박스테이프 / 뒷면

코팅지 / 앞면   박스테이프 / 양면

❽ 헨젤과 그레텔의 과자집 스퀴시북

박스테이프 / 앞면

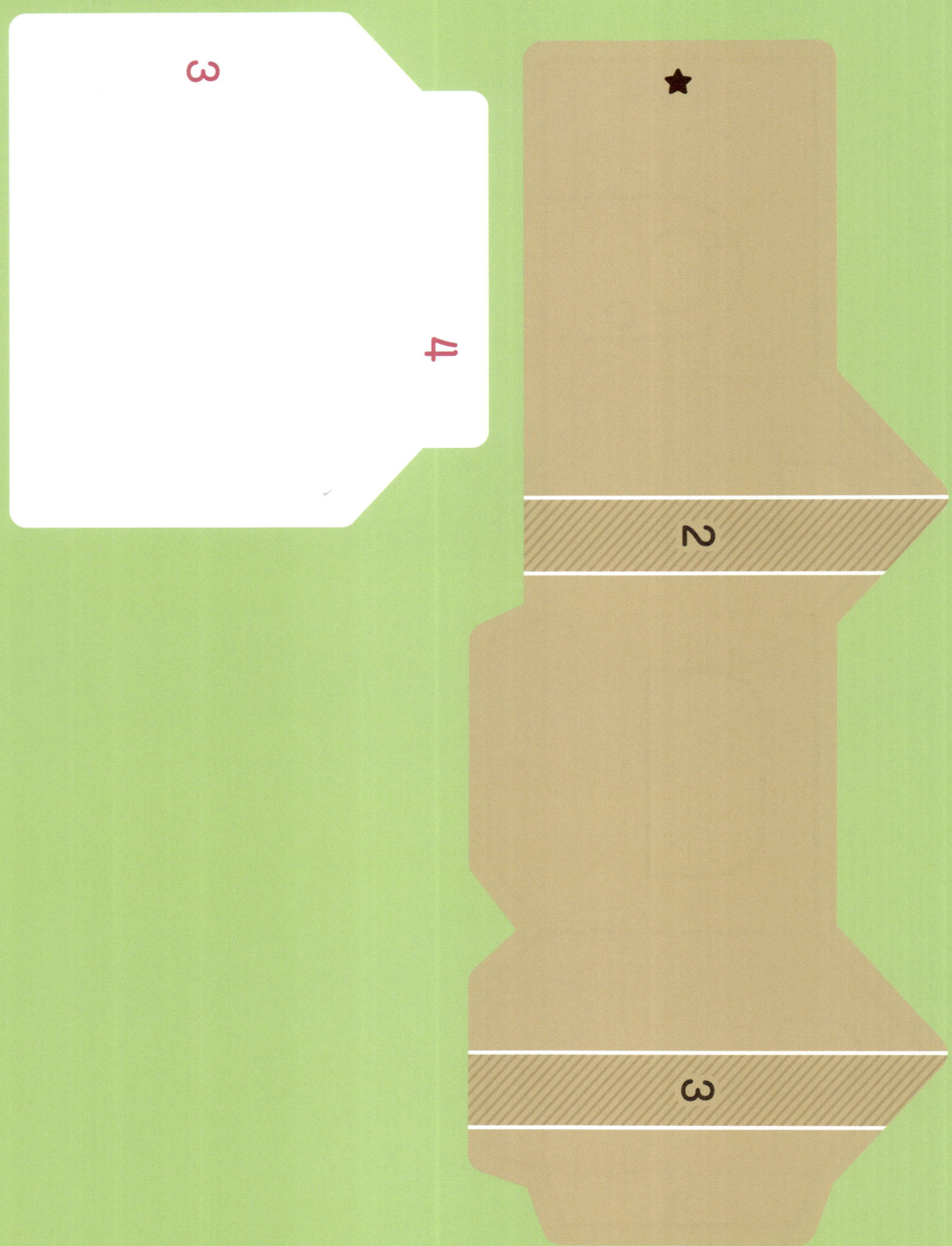

① 시골쥐 서울쥐 햄버거 가게 스퀴시북

코팅지 / 앞면

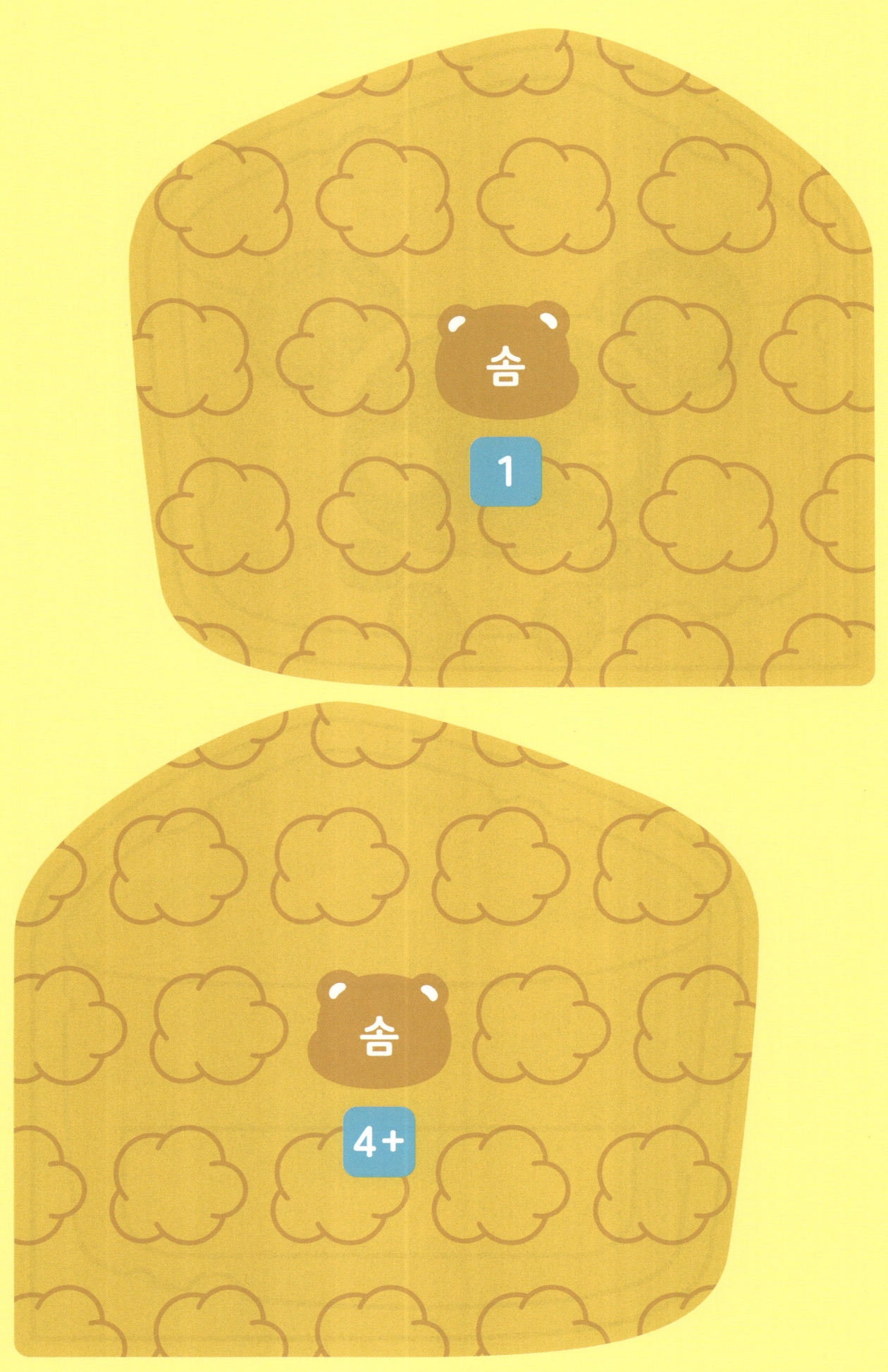

❷ 시골쥐 서울쥐 햄버거 가게 스퀴시북

코팅지 / 앞면

213

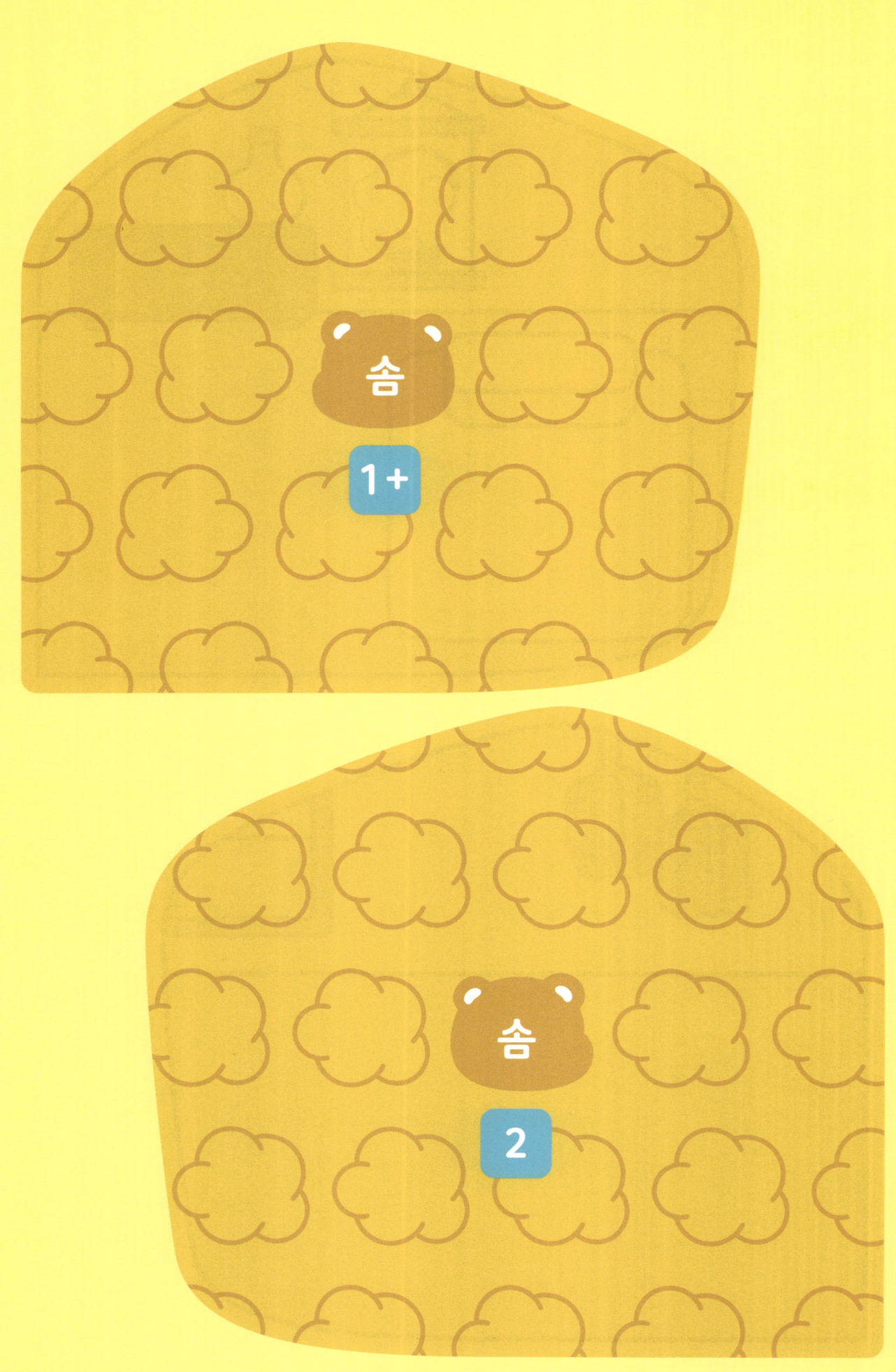

③ 시골쥐 서울쥐 햄버거 가게 스퀴시북

코팅지 / 앞면

4 시골쥐 서울쥐 햄버거 가게 스퀴시북

코팅지 / 앞면

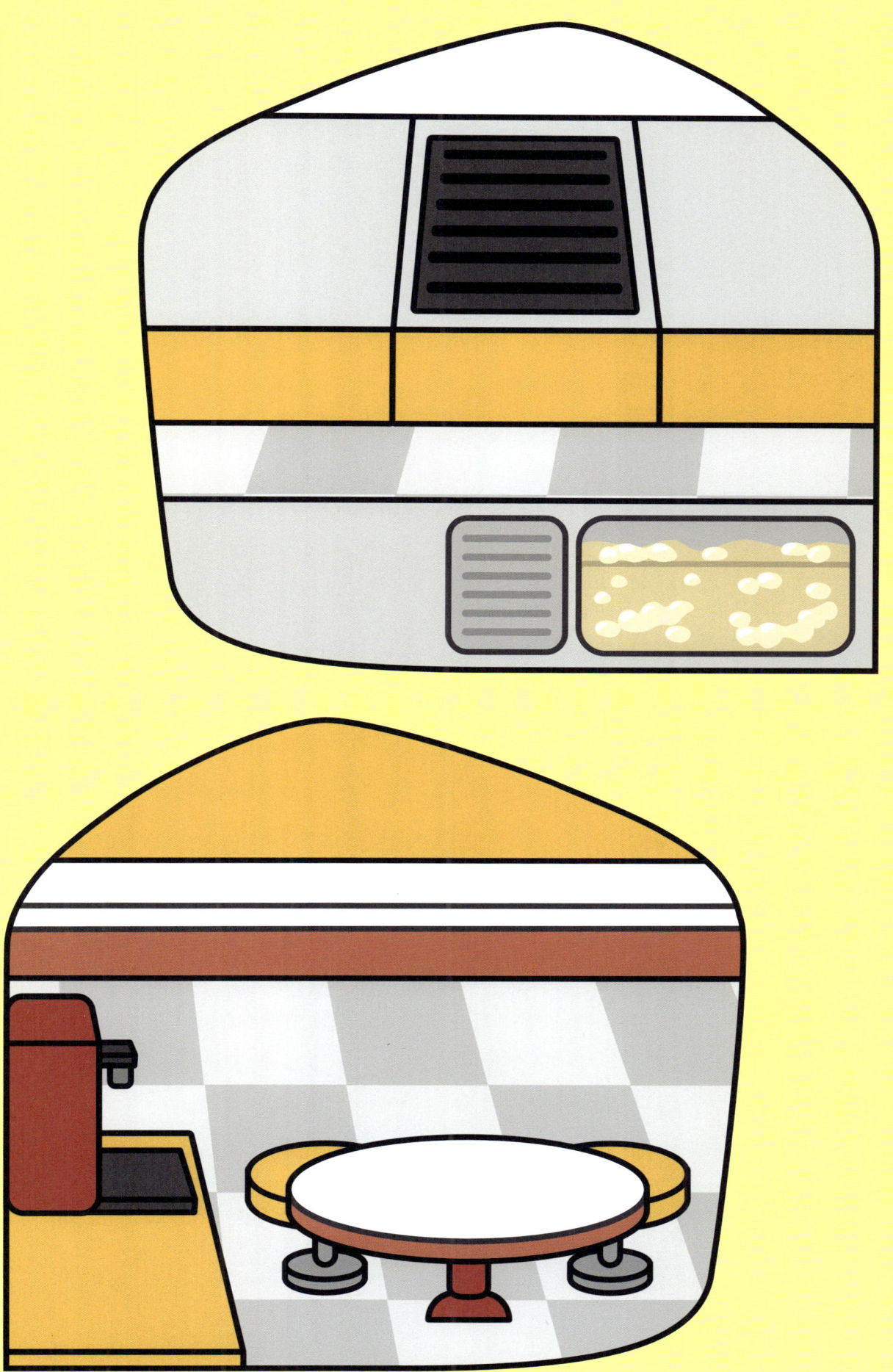

217

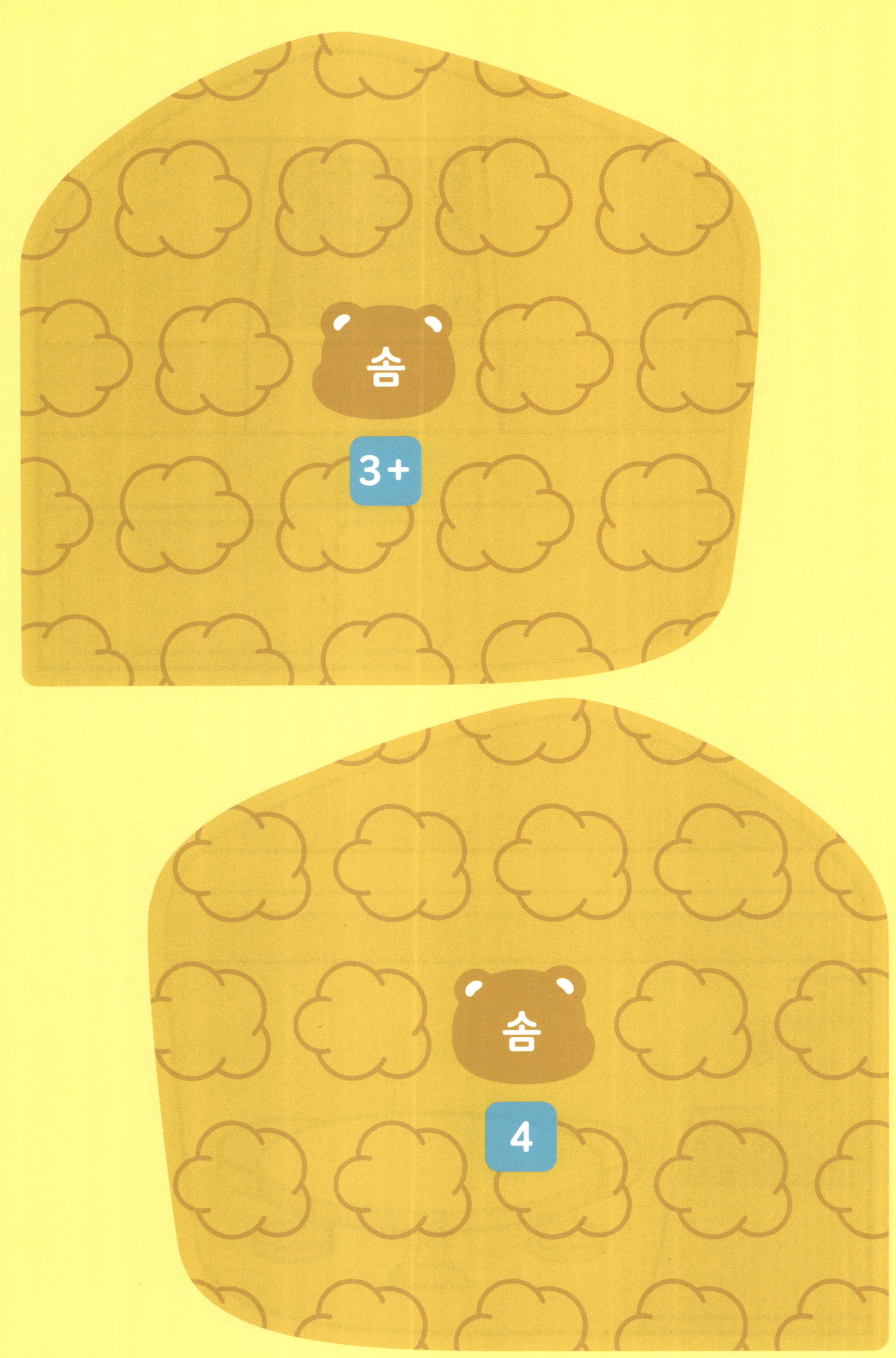

5 시골쥐 서울쥐 햄버거 가게 스퀴시북

6 시골쥐 서울쥐 햄버거 가게 스퀴시북

코팅지 / 앞면   박스테이프 / 뒷면

7 시골쥐 서울쥐 햄버거 가게 스퀴시북

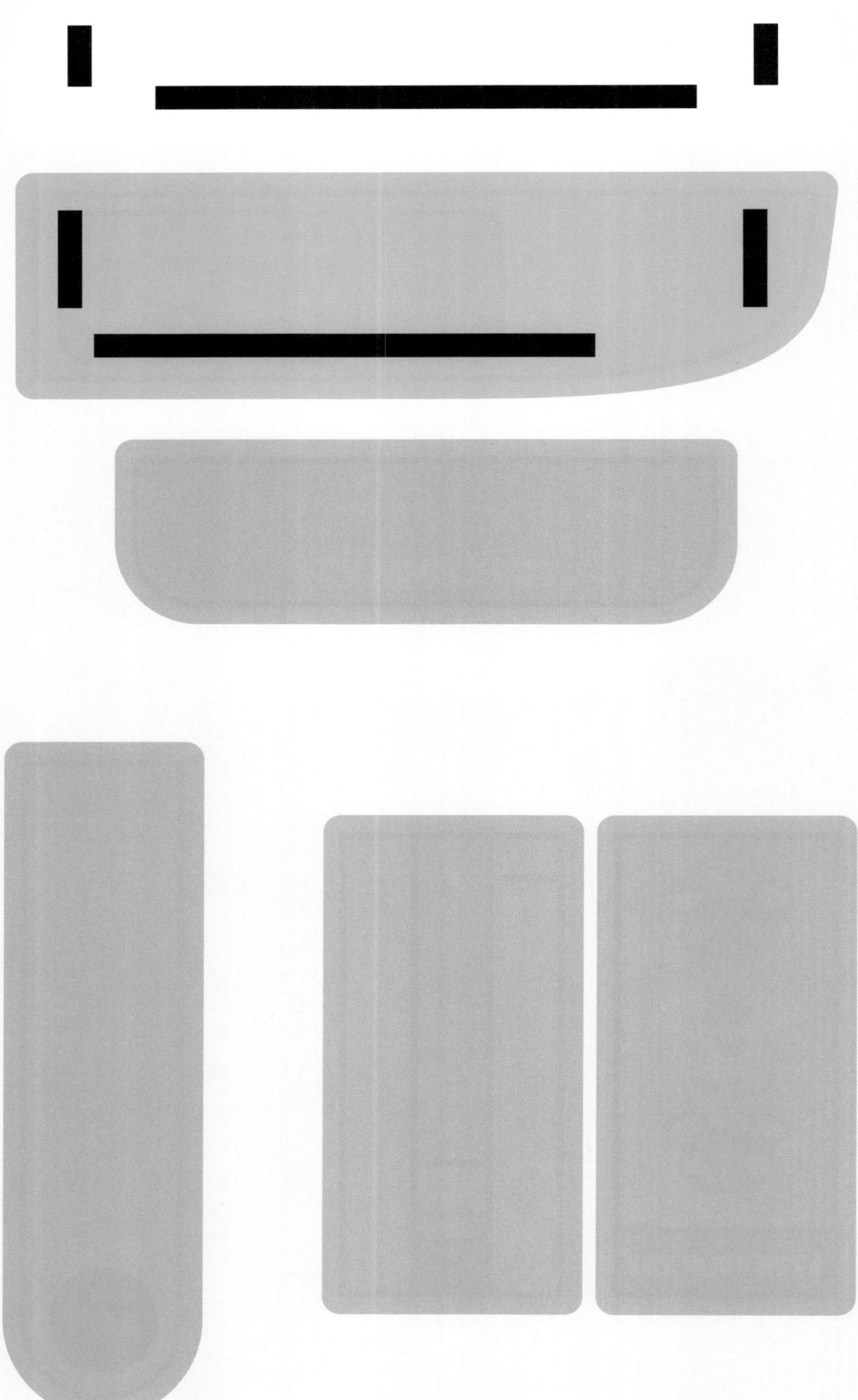